낮은 데로 가라

가는 하향성의 삶
낮은 자에게

낮은데로
가라

김관성

A M O S

규장

저자가 오십이 넘은 나이에 개척을 하면서 교회 이름을 '낮은담교회'라 지은 이유는 분명해 보입니다. 교회를 넘는 문턱이 낮아서 아무나 올 수 있는 교회를 소망해서였기 때문일 것입니다.

아모스의 외침은 언젠가부터 한국 교회 안에서 잠잠해졌습니다. 한때 권력을 향하여 아모스의 외침을 했던 시절이 있었습니다. 그러나 이제 그런 시절도 지나다보니 아모스는 조용히 목자로 돌아간 듯합니다. 그러나 '너희를 위하여 만든 신'을 섬기고 있는 한국 교회에 아모스의 외침이 필요합니다. '아모스'라는 해머가 한국 교회를 둘러싼 높은 담을 헐어버려서 모든 교회가 낮은 담이 되기를 소망해봅니다.

임진만 | 부산신평침례교회 담임목사

신학생 시절 저의 가슴을 가장 뜨겁게 만든 인물은 선지자 아모스입니다. 공법과 정의라는 두 단어만으로도 사역의 동기가 충분했기 때문입니다. 평안한 시대 속에서 깊어진 죄를 볼 줄 아는 그의 안목이 부러웠고 사명이 끝나면 뒤안길로 홀연히 사라지는 그의 모습도 매력적이었습니다.

신학교를 졸업하고 본격적으로 목회의 현장에 나가면 아모스처럼 살 수 있을 것이라는 생각도 했습니다. 그러나 막상 시작한 목회에서 정의를 외치기도, 공법을 실천하기도 녹록지 않았습니다. 흐르는 시간 앞에 정의와 공법도 얼마든지 재해석될 수 있다는 것을 뼈저리게 느꼈습니다.

그러나 김관성 목사는 아모스의 기개를 부여잡고 많은 기회와 유혹 속에서도 아모스의 정신을 변수가 아닌 상수로 붙들고 사는 사람입니다. 그의 삶이 그렇고, 낮은담교회가 그러하며, 이 책의 내용이 그러합니다. 그의 책을 통해 아모스가 이 시대 앞에서 어떤 외침을 외치는지 겸손히 들어보시기를 바랍니다.

최병락 | 강남중앙침례교회 담임목사, 월드사역연구소 소장

저자에게는 어떤 끌림이 있었습니다. 솔직하고 당당했으며, 잘 나서지는 않았지만, 꼭 필요한 상황에서는 자기의 목소리를 정확하고 선명하게 내는 친구였습니다. 그런 그의 모습이 무척이나 멋지고 매력적이었습니다.

　어느 날 아모스에 대해서 전하는 친구의 설교를 듣고 전화를 걸었습니다. "김 목사! 설교가 살아서 꿈틀거리는 것 같아. 너의 야성이 그대로 담겨 있어!" 그 후 그의 설교가 담긴 원고가 제 손에 들렸습니다. 그는 오늘날 교회들에게 전하는 애정 어린 메시지를 자신감 있게 선포하고 있었습니다.

　그는 스스로 오늘날의 아모스가 되기로 작정했기에 이 책에 담긴 그의 메시지는 우리의 곪아터진 모습을 드러내고 폐부를 찔러서 쓸데없이 들뜬 마음을 정리해 완벽한 상쾌함의 자리로 인도해 줄 것이라는 생각이 듭니다.

　혹시 알량한 위로를 받으려는 마음에 이 책을 열었다면 그만 내려놓으라고 권면하고 싶습니다. 그러나 허공에 뜬 메시지에 지친 목회자와 신학생들, 다시 하나님 앞에 바른 심장을 꺼내어 드리기를 원하는 자들이 이 책을 읽어 내려간다면, 강단 앞에서 우렁찬 목소리로 말씀을 선포할 용기가 생겨날 것이라고 확신합니다.

정직하고 본받고 싶은 영적 지도자에 대해 허기진 신학생들과 목회자들, 특별히 하나님께서 주신 교회를 사랑해야 한다는 사명 앞에 다시 꿋꿋이 서기를 원하는 모든 분들에게 이 책을 기꺼이 추천합니다.

최인선 | 은혜드림교회 담임목사, 한국침례신학대학교 특임교수

우리의 신앙 고백과 삶 사이의 괴리…

이제까지 담임 목회를 하면서 저는 가난하거나 아픈 사람들이 기도에 응답을 받는 경우를 거의 보지 못했습니다. 과장된 이야기로 들리나요? 결코 아닙니다. 그들은 울부짖었고 매달렸지만 그들의 삶은 늘 그 자리, 그 처지, 그 수준에 머물렀습니다.

이에 반해 비교적 삶이 안정되어 있는 사람들은 기도가 응답되었다고 하는 고백과 그 빈도가 꽤 높았습니다. 그래서 감사가 넘쳤고, 그들의 삶에는 여유와 예의가 있었습니다.

목회를 하면서 이런 현실이 늘 저의 고민이었고 딜레마였습니다. 이 문제와 관련해 이런저런 잡스러운 생각들이 끊임없이 저를 괴롭혔습니다.

왜 기도가 경제적인 수준에 따라 다르게 응답되는가?

과연 이것이 진짜 기도가 응답되고 안 되는 현실을 말하는 것인가?

혹시 기도 응답을 받았다는 그 고백이 사실은 신자 각자가 어떠한 삶의 수단을 가지고 있는가 아닌가에 따라 결정되는 것은 아닌가?

삶이 비교적 안정된 사람들이 간구하는 기도는 확률적으로 이루어 질 가능성이 많은 일과 문제들이어서가 아닐까?

그렇다면 가난하고 병든 자들에게 하나님께서 베푸신 실제적인 은 혜는 과연 무엇인가? 사실 별로 없지 않은가? 그들 곁에서 그들이 토하는 그 고통과 아픔을 직접 들어보라. 솔직히 무슨 말을 더 할 수 있는가?

우리의 신앙 고백과 삶의 모습이 과연 경제적 여유와 아무런 상관이 없을까? 우아한 우리의 신앙 고백이 먹고사는 문제가 어느 정도 해결되었기 때문에 터져 나오는 종교 행위가 아닌가 말이다.

삶이 고통스러워 울부짖는 가난하고 아픈 자들의 원망과 불평, 그들의 입, 그들의 행동에 배여 있는 신자답지 못한 모습, 안정적인 여건에서 사는 사람들의 제법 괜찮아 보이는 신앙적 언행들, 과연 어떤 것이 더 신앙적인 모습일까?

그렇다고 안정된 상황 속에서 주께 헌신하며 주님의 몸 된 교회를 섬기는 사람들의 신앙을 다 폄훼할 수 있는가?

목회를 하면 할수록 더 모르겠습니다. 사람들의 현실과 상황을 이해하기도 어렵고, 하나님께서 우리 인생을 다루시는 방법도 저에게는 여전히 신비 그 자체입니다.

이런 여러 고민과 갈등들이 아모스서를 읽고 묵상하고 설교하면서 조금씩 이해되기 시작했습니다.

여전히 갈 길이 멀고 부끄럽지만, 저의 그 몸부림과 사투를 공적인 장소에 내놓습니다. 저와 비슷한 고민을 하고 계신 분들이 있다면 이 책을 통해 손톱만큼이라도 도움을 받을 수 있으면 좋겠습니다.

김관성

contents

01

착각에 빠진 나라

암 1:1-2

여로보암의 시대 지진 전
이 년에 드고아 목자 중
아모스가 이스라엘에 대하여
이상으로 받은 말씀이라

아모스가 하나님의 부름을 받은 시점은 유다 왕 웃시야와 이스라엘 왕 여로보암 2세 시대로 이스라엘과 유다가 역사상 최고의 번영을 누리던 시절이었습니다. 정치는 안정되었고 경제는 풍요로웠습니다.

이스라엘은 이전까지 늘 주변 열강들의 공격에 시달려왔습니다. 그러나 여로보암 2세의 아버지 요아스 왕 때부터 국제 정세가 달라지기 시작합니다. 먼저 북쪽에서 이스라엘을 위협하던 시리아는, 시리아 북쪽에서 강성해진 앗수르의 압박으로 힘을 잃었고, 앗수르 역시 또 다른 전쟁에 휘말리게 되면서 이스라엘이라는 작은 나라에 신경쓸 겨를이 없었습니다. 남쪽에서는 이집트가 늘 성가신 존재였는데 이집트마저 국내 문제로 국력이 약화되었습니다.

이런 국제 정세로 이스라엘은 정치 군사적인 안정기를 맞이하게 됩니다. 재미있는 것은 그러는 사이에 북이스라엘과 남유다도 사이가 좋아집니다. 서로의 영토를 통해 중계무역을 하게 되면서 여러 협약도 맺고, 거기서 발생하는 경제적인 부(富) 또한 함께 누리게 된 것입니다. 여로보암 2세는 이런 국제 정세를 틈타 이스라엘 영토를 하맛 어귀에서부터 아라바 바다까지 회복합니다(왕하 14:25). 이것이 어느 정도로 영토를 확장시킨 것인가 하면 다윗과 솔로몬 시대, 이스라엘의 최전성기와 비교했을 때보다 10배나 되는 땅을 차지한 것입니다. 그만큼 모든 것이 안정적인 상황이었습니다.

국제 정세, 국내 정치, 경제, 사회, 문화 모든 영역이 다 좋았고, 그래서 이때를 두고 학자들은 다윗 이후에 맞이한, 아니 다윗의 때보다 더 큰 영광을 누린 이스라엘의 제2의 전성기라고 부릅니다.

드고아 출신 아모스의 등장

아모스는 바로 이 시기에 등장한 선지자입니다. 그가 선포한 메시지는 직설적이고 공격적이었습니다. 심판의 메시지입니다. 그렇다면 하나님은 과연 어떤 의도를 가지고 하나님의 말씀을 선포하는 스피커(speaker)로 아모스를 부르셨을까요? 아모스는 어떤 사람입니까?

본문에서는 아모스에 대해 단 두 가지 정보만을 소개하고 있습니다. 1절은 아모스를 가리켜 "드고아 목자"라고 말합니다. '목자'라고 하면 우리는 통상적으로 양치기를 떠올립니다. 하지만 여기서는 그런 의미로 사용되고 있지 않습니다. 2절에서도 "목자"라는 단어가 나오는데, 그때는 우리가 생각하는 비천한 신분의 양치기를 가리키는 것이 맞습니다. 그러니까 1절과 2절의 단어가 서로 다르다는 것입니다.

아모스를 "드고아 목자"라고 지칭할 때 사용된 '목자'에 해당하는 히브리어는 '노케드'입니다. 이것은 대규모로 가축을 치며 큰 부를 이룬 목자입니다. 구약성경 전체에서 두 번 나오는데, 한번은 열왕기하 3장 4절에 "모압 왕 메사는 양을 치는 자라 새끼 양 십만 마리의 털과 숫양 십만 마리의 털을 이스라엘 왕에게 바치더니", 이때 "양을 치는 자"가 '노케드'입니다. 그러니까 모압 왕 메사는 큰 부를 소유하고 생활 수준이 높은 존재로 목자이며 목장 주인데 왕이기도 한 것입니다.

아모스서 7장에는 아모스가 자신을 가리켜 "나는 목자요 뽕나무를 재배하는 사람"이라고 대답하는 부분이 있습니다. 아모스는 농장을 소유하고 목축업을 하는 큰 부농이나 지주였던 것 같습니다. 또 아모스서를 꼼꼼히 읽어본다면 아모스가 그 당시 국제 정세와 도시의 사정들을 훤히 꿰뚫고 있던 인물이라는 것을 알 수 있고, 문학적 수사학적 기교 또한 탁월한 것으로 보아 상당한 교육 수준을 가진 사람으로 추정됩니다.

그러나 이런 것들은 다 주변적인 정보입니다. 아모스에 대해서 우리가 꼭 알아야 될 사실은 아모스가 선지자 학교를 나오거나 선지자 혈통이나 가문의 사람이 아니었다는 것입니다. 지금으로 치면 신학교를 나와 정식으로 신학 수련을 받은 자가 아니라는 것이 중요합니다. 아모스는 드고아 출신인데, 드고아는 남왕국 유다의 예루살렘 남쪽 19킬로미터 정도 떨어진 작은 마을입니다. 그러니까 아모스는 남왕국 유다 출신이면서 북왕국 이스라엘로 가서 하나님의 말씀을 선포하고 있는 것입니다.

아모스 선지자의 역할론

그렇다면 하나님은 왜 정식으로 선지자 훈련도 받지 않은 목자이자 남왕국 유다 사람을 북이스라엘의 선지자로 불러 사용하시는 걸까요?

… 나는 선지자가 아니며 선지자의 아들도 아니라 나는 목자요 뽕나무를 재배하는 자로서 암 7:14

이것은 아모스 스스로 한 고백입니다. 여기에 하나님의 의도가 엿보이지 않습니까? 그것은 바로 북왕국의 선지자들을 질타하기 위한 것입니다. 쉽게 말해 하나님은 선지자 훈련도 받지 않았고, 북왕국에 속하지도 않은 이 아모스로 하여금 북왕국의 선지자들과 북왕국의 실상을 다 까발리고 경고하는 것입니다.

당시 북왕국에 속한 궁중 선지자들은 정식으로 선지자 교육을 받고 선지자 계보를 따라 하나님의 말씀을 전한다고 했지만, 그들은 죄다 정치적인 아첨꾼들로 왕이 듣기에 좋은 말들을 늘어놓고, 그것으로 끊임없이 자기 이익을 취했던 자들입니다. 요즘으로 치면 목사들이 교인들의 기호와 입맛에 맞추는데, 그중에서도 특별히 부유한 사람들과 가깝게 지내며 그들의 욕망과 그들이 듣고 싶어 하는 메시지를 전달함으로써 하나님의 말씀을 제대로 전하지 않는 상황과 같다고 할 수 있습니다. 선지자들부터 이 모양이다 보니 나라의 모든 계층이 부패하고 불의했습니다.

이런 정황 가운데 하나님은 아모스를 불러 북왕국의 종교 지도자들과 권세자들에게 심판의 경고를 하도록 하신 것입니다. 북왕국의 궁중 선지자들 중 누구 하나 하나님의 말씀을 제대로 전하지 않자 남쪽 유다에서 선지자 출신도 아닌 목자 아모스를 통해 하나님의 마음에 있었던 하나님의 메시지를 북왕국 사람들에게 선포하고 전달하시는 것입니다.

우리 시대에도 이런 일들이 얼마든지 벌어질 수 있습니다. 목회자들이 하나님의 말씀을 왜곡하고 경건을 이익의 방도로 생각하고 사용하여 목사 개인의 이미지를 강화하거나 무엇보다 강단에서 하나님의 말씀을 있는 그대로 선포하는 일들이 나타나지 않을 때 하나님은 그 누구도 예상하지 못했던 어떤 존재들을 변방에서 불러다가 주님의 몸 된 교회를 두드리실 것입니다. 지금 아모스가 하는 역할이 바로 그런 역할입니다.

여러 번 회개할 기회

아모스의 강력한 경고의 메시지에도 불구하고 사람들은 아모스의 목소리를 듣지 않습니다. 그들의 입장에서는 들을 이유가 없습니다. 앞서 설명한 것처럼 모든 상황이 다 좋은데, 회개하라는 메시지가 그들에게 얼마나 공허하게 들렸겠습니까. 결국은 북왕국과 남왕국 모두 하나님의 심판으로 멸망하게 됩니다. 그러나 하나님께서는 그 심판을 단번에 행하지 않으셨습니다. 선지자들을 통해서 끊임없이 경고하셨고, 그들에게 다양한 방법으로 하나님의 마음을 전달하셨습니다. 그 증거가 본문에 나타나 있습니다.

> 유다 왕 웃시야의 시대 곧 이스라엘 왕 요아스의 아들 여로보암의 시대 지진 전 이 년에 드고아 목자 중 아모스가 이스라엘에 대하여 이상으로 받은 말씀이라 암 1:1

1절 중간에 "지진 전 이 년에"라는 표현이 등장합니다. 원문에는 '그 지진'이라고 해서 정관사가 붙어 있습니다. 말하자면 이 지진은 모두가 아는 큰 지진이었다는 것입니다. 이 지진의 역사성을 입증할 만한 기록이 다른 성경에 나옵니다.

그 산골짜기는 아셀까지 이를지라 너희가 그 산골짜기로 도망하되 유다 왕 웃시야 때에 지진을 피하여 도망하던 것 같이 하리라 나의 하나님 여호와께서 임하실 것이요 모든 거룩한 자들이 주와 함께하리라 슥 14:5

스가랴서는 유다 왕 웃시야 때에 지진이 있었다는 것을 분명히 확정해줍니다. 그런데 아모스가 역사 가운데 출현하여 하나님의 말씀을 본격적으로 외친 것은 이 지진이 있기 2년 전부터입니다. 그렇다면 지진이 역사적 사실이라는 것보다 더 중요한 점은 이 지진이 단순한 자연 현상이 아니라는 것입니다. 아모스가 하나님의 메시지를 외쳤지만 왕이나 백성들이 끊임없이 이를 거역하자 하나님께서 당신이 창조하신 피조세계를 사용해서라도 자기 백성을 정신 차리도록 심판하신 장면이라는 것입니다.

아모스서를 자세히 읽어보면 '지진'이라는 정확한 문구는 더 이상 보기 어렵습니다. 다만 그와 같은 현상을 하나님의 심판이라는 맥락에서 사용한 표현들을 볼 수 있습니다.

이로 말미암아 땅이 떨지 않겠으며 그 가운데 모든 주민이 애통하지

않겠느냐 온 땅이 강의 넘침 같이 솟아오르며 애굽 강 같이 뛰놀다
가 낮아지리라 암 8:8

8장에도 하나님의 심판의 도구로 지진이 등장한다는 것을 알
수 있습니다. 그러나 계속된 아모스의 경고와 지진을 통한 심판에
도 불구하고 이스라엘은 그것을 하나님께서 보내신 메시지로 받
아들이지 않았습니다. 물론 역사가 충분히 흐른 시점에서 지금 우
리가 보았을 때 지진이 하나님의 심판으로 등장했다는 것을 분명
히 알 수 있지만, 사람들은 그 당시 아모스의 외침도, 지진도, 하
나님의 경고와 하나님의 심판으로 느끼지 못했습니다.

그래서 결국 어떻게 되었습니까? 북왕국은 기원전 722년, 남왕
국은 기원전 586년에 역사에서 완전히 사라져버립니다. 이렇게 나
라가 망하기까지 하나님은 선지자들을 통해 경고하셨고, 자연을
통해서도 분명히 심판하셨습니다. 그러고도 오래 참으셨습니다.
그러나 그들은 어제를 오늘같이, 오늘을 어제같이 살다가 영원히
심판받는 자리에 처하게 된 것입니다.

이스라엘에게 범죄하게 한 여로보암의 죄

그렇다면 하나님께서 이 잘나가던 나라를 경고하고 경고하고
또 경고하다가 최종적으로 심판하신 구체적인 이유가 무엇일까

요? 이것을 파악하기 위해서는 다음 세 가지를 확인해보아야 합니다. 첫째, 그 당시 나라를 통치했던 여로보암 2세의 죄가 무엇인지를 확인해야 합니다. 둘째, 그 시대의 시대적 상황, 그러니까 사회상을 자세히 살펴보아야 합니다. 셋째, 율법에 담긴 하나님의 뜻과 그들의 삶이 얼마나 동떨어져 있었는지, 그에 따른 하나님의 경고가 무엇인지 짚어봐야 합니다.

먼저 여로보암 2세의 죄는 무엇일까요? 열왕기서의 저자는 여로보암 2세를 다음과 같이 분명하게 평가합니다.

여호와 보시기에 악을 행하여 이스라엘에게 범죄하게 한 느밧의 아들 여로보암의 모든 죄에서 떠나지 아니하였더라 왕하 14:24

북왕조를 처음 시작한 느밧의 아들 여로보암은 여로보암 1세이며, 본문에 등장하는 여로보암은 여로보암 2세입니다. 여로보암 2세의 죄는 북왕국의 다른 왕들을 평가할 때에도 자주 사용한 표현 그대로입니다. 무엇보다 성경은 이스라엘이 여로보암의 죄에서 떠나지 않아 하나님께서 그들을 버리셨다는 관용구를 반복해서 계속 씁니다. 그렇다면 여로보암의 죄는 무엇일까요?

25 여로보암이 에브라임 산지에 세겜을 건축하고 거기서 살며 또 거기서 나가서 부느엘을 건축하고 26 그의 마음에 스스로 이르기를 나

라가 이제 다윗의 집으로 돌아가리로다 27 만일 이 백성이 예루살렘에 있는 여호와의 성전에 제사를 드리고자 하여 올라가면 이 백성의 마음이 유다 왕 된 그들의 주 르호보암에게로 돌아가서 나를 죽이고 유다의 왕 르호보암에게로 돌아가리로다 하고 28 이에 계획하고 두 금송아지를 만들고 무리에게 말하기를 너희가 다시는 예루살렘에 올라갈 것이 없도다 이스라엘아 이는 너희를 애굽 땅에서 인도하여 올린 너희의 신들이라 하고 29 하나는 벧엘에 두고 하나는 단에 둔지라 30 이 일이 죄가 되었으니 이는 백성들이 단까지 가서 그 하나에게 경배함이더라 31 그가 또 산당들을 짓고 레위 자손 아닌 보통 백성으로 제사장을 삼고 32 여덟째 달 곧 그 달 열다섯째 날로 절기를 정하여 유다의 절기와 비슷하게 하고 제단에 올라가되 벧엘에서 그와 같이 행하여 그가 만든 송아지에게 제사를 드렸으며 그가 지은 산당의 제사장을 벧엘에서 세웠더라 33 그가 자기 마음대로 정한 달 곧 여덟째 달 열다섯째 날로 이스라엘 자손을 위하여 절기로 정하고 벧엘에 쌓은 제단에 올라가서 분향하였더라 왕상 12:25–33

여로보암의 죄는 한마디로 하나님께서 정해주신 대로 이스라엘의 신앙 체계와 시스템을 유지하지 않고 자기 마음대로, 그리고 사람들의 기호와 입맛에 맞게 모든 종교 시스템을 뜯어고쳤다는 것입니다. 이것이 그가 저지른 죄의 핵심입니다. 그러다보니 백성들은 자신들이 누리는 삶의 현실에 기초하여 하나님이 그들과 함께하는지 안 하는지 판단하면서 그 시대의 풍요를 마음껏 누리며 살았습니다. 그런 삶이 하나님의 말씀에서 이탈되어 있음을 경고하는 선지자도 전부 사라지고 없었습니다. 좀 더 정확히 말해서 하나님의 말씀을 전하는 자가 있기는 해도 그것은 전부 다 구라요 사람들의 입맛에 맞춰주는 메시지이지 하나님의 심장에 있는 메시지가 아닙니다.

결국 하나님의 백성들이 하나님의 말씀을 들을 수도 없고, 무엇이 진짜 하나님의 말씀인지 분별할 수도 없게 되어버립니다. 하나님의 말씀을 전하는 자도, 듣는 자도 없는 상황으로 치달은 것입니다. 이 길을 열어젖힌 사람이 바로 여로보암이고, 여로보암 2세역시 이 죄에서 떠나지 않았기 때문에 하나님께서 이 나라를 두드려 팬 것입니다.

하나님의 법이 제대로 작동하지 않을 때 받는 심판

하나님의 말씀이 제대로 선포되지 않는 시대적 상황은 무엇이며, 그 시대를 살던 사람들의 삶 속에 구체적으로 어떤 열매가 맺어지겠습니까? 그 당시 사람들이 크게 착각했던 것은 무엇이었을까요?

하나님께서는 율법을 통하여 이스라엘에게 분명히 말씀하셨습니다. 레위기 25장에는 안식년과 희년 제도에 대해 나옵니다. 안식년은 6년 동안 경작하던 땅을 7년째에는 경작하지 않고 그 땅을 반드시 쉬게 하는 것으로, 경작하지 않았는데 저절로 자라나 거두게 된 소출은 남녀 종들과 품꾼들, 함께 사는 나그네들, 가축과 그 땅의 들짐승이 다 먹게 하여 함께 안식의 기쁨을 누릴 수 있도록 하신 제도입니다. 희년은 7년마다 찾아오는 안식년이 일곱 번 반복된 그다음 해인 50년째 해인데, 희년이 되면 유대인들은 자기 땅과 자기 가족에게 돌아갑니다. 여러 가지 이유로 종 되었던 이들을 풀어주고, 빚을 탕감해주고, 땅과 집이 본래 주인에게 되돌려지는 해를 말합니다. 결국 50년마다 모든 것이 갱신되는 제도입니다.

그러니까 레위기 25장은 가난하고 힘없는 자들, 종이 된 자들에게 새롭게 일어날 기회를 주고, 그들이 하나님의 백성으로서 다시 한번 평등하고 자유롭게 온전히 살아갈 수 있도록 돕는 것입니다. 그런데 이스라엘이 이런 하나님의 계명을 거부하고 이행하지 않았을 때 어떻게 될까요?

내가 너희를 여러 민족 중에 흩을 것이요 내가 칼을 빼어 너희를 따르게 하리니 너희의 땅이 황무하며 너희의 성읍이 황폐하리라

레 26:33

하나님께서 정하신 안식년과 희년 제도가 이스라엘 안에서 제

대로 작동하지 않을 때 하나님은 이스라엘을 황폐하게 하겠다고 분명히 경고하셨습니다. 그들에게 여러 재앙을 내리실 것이고, 이웃 나라들의 칼에 시달리게 하실 것이며, 여러 민족 중에 흩을 것이라고 말입니다.

그런데 어떻습니까? 아모스가 그 시대를 향하여 외친 메시지도 이와 같았습니다. 하나님의 계명을 벗어날 때 이스라엘의 탐욕, 그들의 자기중심성은 반드시 가난한 자들을 착취하게 되어 있습니다. 그러나 하나님은 그것을 가만 두고 보지 않으시고 말씀하신 대로 심판하십니다. 아모스가 말씀을 선포했던 북왕국의 상황이 정확히 이런 모습이었습니다.

아모스서에는 부유층들의 모습이 나옵니다. 그들은 겨울 별장과 여름 별장을 소유하고 있습니다(암 3:15). 요즘으로 치면 부동산 투기입니다. 날마다 술과 노래, 값비싼 음식의 향연을 펼칩니다(암 6:4-6). 그리고 이런 삶을 허락해주신 하나님께 영광을 드린다고 합니다. 문제는 이것이 가난한 자들을 착취하여 누리는 것으로 가난한 사람들을 더욱 고통스러운 자리로 내몰았다는 것입니다. 이를 위해 부자와 권세가들이 온갖 불의와 불평등을 자행하는데도, 문제를 판결하는 재판관들은 뇌물을 받고 부자들의 손을 들어줍니다.

도덕적으로는 어떻습니까? 아모스서에 등장하는 가장 쇼킹한 표현 중에 하나가 아버지와 아들이 같은 여자에게 드나든다는 것입니다. 이 정도면 하나님의 나라로서 이스라엘은 끝난 것 아닙니까? 종교 지도자들의 꼴은 어떤가요? 그들은 부자와 상류층의 '양심 세탁'을 맡았습니다. 제사 잘 드리고 종교생활 열심히 하면 하나님이 축복해주시고, 헌금 잘 바치고 주일성수 하면 하나님의 백성으로 잘 살고 있다고 쳐줍니다. 이렇게 종교 지도자들과 권세가들이 합종연횡을 이루어 온 나라를 부패의 자리로 내몰아갑니다. 궁중 선지자들이 경제적 상류층의 삶이 하나님 보시기에 정당하다는 것을 하나님의 말씀을 통해 정당화시켜준 것입니다.

어쩌다가 교회는 엘리트 카르텔이 되었나?

그런데 이 내용이 우리 시대의 상황과 너무 닮아 있지 않나요? 미국 콜게이트대학의 마이클 존스턴 교수는 전 세계에 나타나는 국가 부패 유형을 네 가지로 소개합니다. 첫 번째가 독재형입니다. 독재형의 나라는 중국, 인도네시아와 같은 나라입니다. 두 번째는 족벌형입니다. 러시아, 필리핀 등이 이 유형에 해당합니다. 그다음 세 번째는 엘리트 카르텔(cartel)형으로 이탈리아이며, 네 번째 시장 로비형은 미국, 영국, 캐나다, 일본 등입니다. 전 세계의 모든 나라들이 이런 유형별로 부패하고 타락해 있다는 것입니다.

그러면 한국 사회는 이 네 가지 유형 중 어디에 해당될까요? 존스턴 교수는 한국을 대표적인 엘리트 카르텔형이라고 했습니다.

엘리트 카르텔이란 관료조직, 정치인, 군조직, 재벌 등이 똘똘 뭉쳐서 권력을 유지할 수 있는 기반을 제공하고, 특권 의식을 가진 사회 엘리트층이 인맥과 연줄을 통해 자신의 권력을 유지하고, 부패를 통하여 끊임없이 자기 이득을 추구하는 것을 말합니다.

교회도 이 대열에 동참한 지 오래입니다. 그 상징적인 열매가 무엇입니까? 바로 세습입니다. 모 교회를 필두로 교회 세습이 정당화되어갑니다. 교회가 더 이상 이런 흐름을 막지 못합니다. 왜냐하면 대형교회 뿐만 아니라 세습한 교회가 이미 너무 많고, 세습한 교회로부터 선교비를 지원받는 교회들 또한 너무 많아 세습을 비판하지 못하기 때문입니다. 아버지, 아들, 사위, 친구, 후배도 세습을 합니다. 그 밖에도 보이지 않는 세습이 부지기수입니다.

이 흐름이 의미하는 바가 무엇입니까? 종교 카르텔은 엘리트 카르텔 안에 들어간다는 것입니다. 이 종교 카르텔의 역할이 무엇인지 아십니까? 이스라엘의 왕과 그 백성이 자신들에게 주어진 부요함과 풍요, 정치적 안전을 하나님께서 주신 은혜라고 여기게 만든다는 것입니다. 이것은 하나님과 하나님의 말씀을 어마어마하게 왜곡하고 멸시하는 사실상 우상에 빠진 종교입니다.

그런데 여러분, 우리가 피상적으로 접근해서는 안 됩니다. 이런 삶을 사는 자들이 하나님을 섬기는 신앙에서 멀어졌을까요? 결코 아닙니다. 아모스 시절에도, 지금도 결코 그렇지 않습니다. 그들은 오히려 종교를 더욱 활성화시킵니다. 부를 누리는 이들이 종교를 더 가까이할수록, 예배에 가까울수록, 하나님을 향한 왜곡된 열심이 강력할수록 그들의 착각은 더욱 굳어지고, 눈이 멀고, 심지어 심판의 경고조차 감각하지 못하는 지경에 이르게 됩니다. 종교 지도자들은 종교 의식을 강조하면서 부패한 사람들이 종교적 헌신을 통해 자신들의 달갑지 않은 삶을 세탁할 수 있도록 도와주는 것입니다.

그러나 아모스 선지자는 분명하게 선포합니다. "온 백성이 성전이나 산당에 모여 제사와 절기를 지키고 헌물을 드리는 일에 열심을 낼지라도 너희가 가난한 자들을 착취하고 그들의 고난에 무관심하며 사치와 방탕으로 일관한다면 너희의 종교적 열심은 오히려 하나님 앞에 가증스러운 행위가 될 것이다." 이것이 아모스가 선포하는 메시지의 핵심이며 우리에게 주는 메시지입니다. 착각에서 빠져나오라는 것입니다.

내 백성아, 착각에서 빠져나오라

아모스는 이런 착각에 빠진 이스라엘에게, 착각에 빠진 우리에게 하나님께서 어떤 소리를 내시는지 말씀합니다.

그가 이르되 여호와께서 시온에서부터 부르짖으시며 예루살렘에서부터 소리를 내시리니 목자의 초장이 마르고 갈멜 산 꼭대기가 마르

리로다 암 1:2

"여호와께서 시온에서부터 부르짖으시며 예루살렘에서부터 소리를 내시리니", 여기서 부르짖는다는 것은 마치 사자의 포효와 같습니다. 죄악에 빠진 백성들에게 착각에서 빠져나오라고, 제발 너희의 실상을 제대로 보고 회개하라고 하시는 하나님의 사자후(獅子吼)입니다. 하지만 풍요로움과 타성에 젖어 있는 이스라엘은 지금 당장 자신들의 삶에 아무런 문제가 생기지 않으니까 착각에서 헤어나오지 못합니다. 하나님께서 지금처럼 그들을 풍요로운 푸른 초장으로 인도하실 것이라고 하면서 말입니다.

그러나 하나님은 이런 착각에 빠진 이스라엘을 향하여 말씀하십니다. "목자의 초장이 마르고 갈멜산 꼭대기가 마르리로다." 이 엄중한 경고가 아모스 전체에 흐릅니다. 우리가 단순히 아모스서를 읽거나 강해를 듣고 끝내면 안 됩니다. 하나님의 사자후를 들으십시오. 하나님의 부르짖음, 애통함을 들으십시오. 우리의 눈과 귀와 피부를 통해, 모든 감각과 상상력을 동원하여 하나님의 음성에 귀를 기울이고, 하나님의 부르짖음에 온몸을 떨며 반응하십시오. 기도하셔야 합니다. 그렇지 않으면 우리는 또 말씀을 듣기만 하고 끝내버릴 것입니다. 그렇다면 우리의 삶은 전혀 바뀌지 않을 것입니다.

이 말씀을 통해 주시는 하나님의 경고가 우리 공동체에 주는 메시지는 의미심장합니다. 아마 교회의 정체성과도 깊은 관련이 있다고 생각합니다. 흔히 교회가 세상의 빛이 되어야 한다고 합니다. 선한 영향력을 끼쳐야 한다고 합니다. 그런데 모두 어떻게 하고 있습니까? "교회가 빛이 되라", "네가 빛이 되라", 자녀들에게도 "나중에 커서 네가 선한 영향력을 끼쳐라" 이렇게만 말하지 지금 당장은 절대로 안 합니다. 지금 당장 할 수 있는 일들은 하지 않습니다. 잘 생각해보십시오. 오늘 안 하는데 내일은 하겠습니까?

우리는 교회가 세상의 빛이 되고 선한 영향력을 끼쳐야 한다는 것이 뭔지 모르는 게 아닙니다. 교회가 세상의 빛이 되고 선한 영향력을 끼치기 위해서 지금 해야 할 사랑이나 희생에 신경을 쓰지 않는다는 것입니다. 그래서일까요? 오늘날 교회가 세상의 빛이라는 말은 어불성설이고, 교회는 세상의 빛이 아니라 교회가 이 시대의 어두운 단면이 된 지 오래입니다. 이것은 진짜 가슴이 찢어지는 이야기입니다. 교회보다 세상이 더 밝습니다. 교회가 지금 빛이 되자는 이야기는 마치 형광등을 켜서 방이 환하게 밝은데, 거기에 촛불을 드는 형국입니다. 지금의 한국 교회는 아모스가 말하는 이스라엘의 축소판, 딱 그 모양입니다. 우리 모두는 착각에 빠져 있습니다. 착각에 빠진 나라, 착각에 빠진 교회입니다.

낮은 데로 가라

가난한 사람이 오지 못하는 교회

《사당동 더하기 25》(또하나의문화)라는 책을 보면 '이 시대에도 진짜 이렇게 사는 이들이 있구나!' 하고 한숨이 나옵니다. 이 책은 철거민들의 삶과 그들에게 있는 문제들 그리고 그들이 사회구조적으로 당하는 억압과 착취의 이야기들을 한 사회학자의 눈으로 조명하고 있습니다. 그들의 삶을 25년간 들여다본 저자의 말을 한번 들어보세요.

"지난 25년간 나는 내가 속한 일상과 내가 속하지 않으면서 연구 대상이 된 사람들의 일상을 오가야 했다. 계속 두 세계를 왔다 갔다 한 셈이다. 상계동에 갈 때는 사당동 때와는 달리 현장에 들어갈 때 훨씬 더 다른 세계로 들어가는 듯한 긴장감을 갖는다. 고속도로를 빠져나와 대로변에 바로 맞닥뜨리는 임대 아파트 단지에 도착하면 어떤 이방의 동네에 들어서는 긴장감을 갖게 된다."

무슨 말입니까? 25년이나 이들의 삶을 연구해온 사람으로서 자신이 속한 일상과 이들이 사는 세계를 오가며 현기증이 난다는 것입니다. 전혀 다른 세계를 들락거리는 기분을 떨칠 수 없다는 것이지요. 바로 이것이 우리 시대의 교회가 맞이하고 있는 현실입니다. 여러분, 진짜로 가난한 사람은 교회에 못 옵니다. 가난한 사람들이 교회에 와서 우리가 만든 이 교회 문화에 적응할 수 있겠습니까? 교회 안에 헌금의 종류만 몇 가지입니까? 십일조가 얼마나 강조되고, 감사헌금이 얼마나 강조되고, 그것을 하지 못할 때 사람들이 얼마나 압박감을 느끼는데, 교회에 가난한 사람들이 올 수 있다는 말입니까?

교회 안에 헌신의 요구가 얼마나 많습니까? 당장 먹고살 수도 없는데 교회에 나와 봉사할 시간이 어디 있습니까? 솔직히 한국 교회 문화에서 돈 없으면 장로 되고 권사 될 수 있습니까? 밥도 사고 헌금도 제법 많이 해야 될 수 있잖아요. 무엇보다 교회 구성원들의 시선이 가난한 장로님을 용납하지 못합니다.

한국 교회를 잘 보십시오. 우리는 하나님께서 아모스를 통해서 주시는 경고를 심각하게 들어야 합니다. 우리는 모두 착각에 빠져 있습니다. '나는 예배 잘 드리고 있고', '나는 구원 받았고', '나는 하나님의 백성이고…' 이것이 거의 착각입니다. 우리의 삶이 아모스가 말하는 메시지와 동떨어져 있는데 뻔뻔하게 어떻게 그렇게 확신합니까? 하나님이 우리의 힘이 되신다고요? 그냥 입바른 소리입니다. 여러분이 살 만하니까 떠드는 말입니다. 이런 착각에서 전부 빠져나오십시오. 어쩌면 우리는 착각에 빠진 성도, 착각에 빠진 목사, 착각에 빠진 교회가 하나가 되어 교회라고 하는 놀이터에서 놀고 있는지도 모릅니다.

가난한 자들 곁에 서는 교회

실제로 우리는 생각보다 심각하게 돈에 빠져 있습니다. 우리는 돈을 우리의 주님으로 모시고 사는 존재들이지, 하나님을 내 인생의 힘으로 삼고 있는 자들이 아닙니다. 모두 자기의 삶, 자기의 미래, 자기의 노후, 온통 자기, 자기, 자기에 정신이 팔려서 옆에서 어떤 사람이 죽어 나가고 있는지 그런 현실에 아예 관심이 없습니다. 남을 돕더라도 무엇을 위해 돕습니까? 자기 가오를 잡기 위해 적당히 돕습니다. 그럼 교회에 왜 나오고 예수를 왜 믿습니까? 자아가 괴롭기 때문에 그렇습니다. 교회에 나오고 예수를 믿는 데서 평안을 얻으려는 것, 사실 우리는 그것밖에 없습니다.

요즘 신자들의 신앙 고민은 모두 자신의 자아와 심리에 관한 것이지 다른 사람에 대한 이슈가 아닙니다. 이것이 교회 안에 어떤 문화와 현상을 만들어냅니까? 평신도 중산층과 목회자들을 연합하게 만듭니다. 요새 국회의원들 중에 교회 안 다닌다는 사람이 별로 없습니다. 그들이 교회에 오면 누구와 친하게 지냅니까? 목사입니다. 교회의 자랑이 무엇입니까? "판검사가 몇 명이냐", "박사가 몇 명이냐", "헌금이 얼마냐", "교회가 상가에 입주해 있느냐, 자기 건물이 있느냐" 이러면서 진짜 뼈아프고 가슴 아픈 프레임(frame)을 만들어냅니다. "가난한 것은 게을러서 그렇다", "아직도 정신 못 차렸냐", "하나님을 열심히 믿고 정직하게 땀 흘려서 일하는데 도대체 왜 가난에서 벗어나지 못하는 거냐", "왜 노력을 안 하느냐" 그러는데 여러분, 힐빌리(Hillbilly, 가난하고 소외된 백인 하층민을 가리킴)로 태어나보십시오. 절대로 극복되지 않습니다. 가난은 대물림됩니다. 헤어나오지 못해요.

주님은 사람들로부터 '세리와 죄인의 친구'라는 별명을 얻으셨는데, 그분을 따른다는 우리가 왜 이 모양 이 꼴로 살아갈까요? 간단합니다. 우리가 예수님의 제자가 아니고 하나님의 백성이 아니기 때문입니다. 여러분, 이 메시지를 듣고 자신이 죽어서 천당 갈 사람인지 아닌지를 심각하게 한 번 고민해보시기를 바랍니다. 저도 저에게 맡겨진 영혼들을 사랑하고 섬기기 위해 강단에 서는 목사지만, 솔직히 그들의 삶을 보면 구원받은 성도인지 아닌지 확신이 들지 않는 분들이 절반 이상입니다.

여러분, 가난이 얼마나 무서운지 아시지요? 특별히 저보다 연세가 많은 세대는 이 가난의 무서움을 잘 압니다. 그 분들은 정말 열심히 사셨고, 그로 인한 삶의 열매들을 누리고 있는 분들이 우리 교회에도 많습니다. 그런데 가난은 단순히 돈이 부족한 정도를 말하는 것이 아닙니다. 그 사람의 아이큐, 성격, 친구, 주거지, 성적, 삶의 기회, 의지력, 가정과 가족, 이 모든 것에 부정적인 타격을 가하는 것이 가난입니다. 한 인간을 완전히 주저앉히고 일어설 수 없게 만듭니다.

개인의 의지와 노력으로 가난에서 빠져나오는 것은 거의 불가능합니다. 데이터로 보면 100명 중에 6명 정도가 애쓰고 노력하면 중산층이 된다고 합니다. 100명에 6명이면 6퍼센트입니다. 그렇다면 대부분 아버지가 가난하면 아들도 가난합니다. 제 아들 역시 평생 가난하게 살 수밖에 없어요. 세상은 그들을 향해 "게으르다", "노력을 안 한다", "성격이 이상하다" 그렇게 말할 수 있습니다. 그러나 교회는 절대로 그 사람들을 향해 그렇게 말하면 안 됩니다.

가난한 자들의 가족이 되어주는 교회

여러분, 우리가 가난에서 빠져나오려면 건강이 완전히 망가져서 죽게 됩니다. 이것이 우리가 살고 있는 사회의 구조이자 생생한 현실입니다. 그러므로 주님의 몸 된 교회는 죽을힘을 다해 가난한 자들 곁에 있어야 합니다. 구조적인 문제니 복지니 할 것 없이 그것이 하나님의 명령입니다. 아모스의 메시지를 들어야 합니다. 이것을 하지 않는다면 교회는 자기 정체성을 망각할 것입니다. 자아 분열 상태로 빠져들고 존재 의미가 사라지는 것입니다.

교회는 하나님의 형상대로 지음 받은 인간의 존엄이 무너지지 않도록, 교회가 가용(可用)할 수 있는 모든 자원을 동원해서 그들을 돌보고 먹이고 입히는 곳이 되어야 합니다. 그들의 가족이 되어야 합니다. 모잠비크에서는 가난한 사람을 돈이 없는 사람이 아니라 가족이 없는 사람으로 정의한다고 합니다. 혈통적인 가족 관계를 뛰어넘는 새로운 가족 관계가 주님의 몸 된 교회 안에 기적적으로 나타날 수 있기를 소망합니다. 이것이야말로 예수님을 주와 그리스도로 고백하는 우리의 신앙 고백의 진정성을 확증하는 것입니다.

이것을 다른 것으로 때우려고 하지 마십시오. 기도로 때우고, 제자훈련으로 때우고, 찬양으로 때우려고 하지 마십시오. 그것은 그것대로 하되 가난한 자들 곁에 서 있는 일에 교회가 실패해서는 안 됩니다.

하나님 아버지 앞에서 정결하고 더러움이 없는 경건은 곧 고아와 과부를 그 환난 중에 돌보고 또 자기를 지켜 세속에 물들지 아니하는 그것이니라 약 1:27

경건이 무엇입니까? 기도입니까? 제자훈련입니까? 성경공부입니까? 예배입니까? 헌금 많이 하는 겁니까? 아닙니다. 환난 가운데 있는 고아와 과부를 돌보는 것이 경건의 핵심입니다. 그런데 우리가 이것을 내팽개치고 다른 것을 잘하다가 망합니다.

미국 펜실베이니아 주에 로제토 마을이라는 곳이 있습니다. 이탈리아 이민자들이 모여 사는 동네인데, 의사들은 이 마을 사람들이 심장병에 잘 걸리지 않는다는 사실을 발견합니다. 그래서 역학조사에 들어갔습니다. 물이나 토양이 다른지, 유전적인 요인인지

조사해보았지만 그렇지 않았습니다. 이 마을 사람들의 식생활이나 건강관리에 특이점이 있나 싶었지만 그것도 아니었습니다. 오히려 로제토 마을 사람들은 술과 담배를 즐겼고, 무엇보다 비만 환자들도 매우 많았다고 합니다. 그런데 이상하게 심장병으로는 죽지 않습니다. 도대체 원인이 뭘까요?

처음에 환경보건의 관점으로 원인을 찾다가 찾지 못하자 결국 사회학자의 도움으로 그 이유를 알아냈는데, 바로 그들이 살아가는 삶의 방식 때문임이 밝혀졌습니다.

"로제토 마을의 가장 눈에 띄는 특징은 사람들이 삶을 즐기는 방식이었다. 그들의 삶은 즐거웠고, 활기가 넘쳤으며 꾸밈이 없었다. 부유한 사람들도 이웃의 가난한 사람들과 비슷하게 옷을 입고, 비슷하게 행동했다. 로제토 마을을 방문한 사람들에게 그 공동체는 계층이 없는 소박한 사회였으며 따뜻하고 아주 친절한 사람들이 있는 곳이었다. 그들은 서로를 신뢰하였으며 서로를 도와주었다. 가난한 사람들이 있었지만 진정한 가난은 없었고, 이웃들이 빈곤한 사람들의 필요를 끊임없이 채워주었다."

이것이 이 마을에 심장병 환자가 없는 핵심적인 이유입니다. 계층이 없고 따뜻한 사람들, 사람을 진심으로 돕고 사랑하며 가난한 사람이 있더라도 진정한 가난은 없는 그런 공동체, 부자도 소박하고 가난해도 인간의 존엄이 무너지지 않는 그런 분위기입니다. 주민이 2천 명 정도 되는 마을에 시민들의 모임이 22개나 됩니다. 요즘 말로 하면 단체 카톡방이 22개나 되는 셈입니다. 서로 자주 방문하고, 길을 가다가 사람을 만나면 무조건 서서 30분 이상 이야기를 나누고, 음식을 만들어서 서로 나누어 먹습니다. 또 마을 사람들이 공동으로 아이들을 양육하는 것이 이 마을의 전통이었습니다. 이것은 일종의 확장된 가족인 셈입니다.

비결이 바로 이것이었습니다. 내가 죽어도 누군가 내 자녀를 책임져줄 수 있을 정도의 관계, 그러니까 내가 속한 공동체가 나를 보호해주고 지켜주리라는 확신, 내가 위기에 처했을 때 마을 사람들이 포기하지 않고 끝까지 나와 함께 해주리라는 이 확신이 삶의 역경을 이겨내고 심장병에도 걸리지 않게 해준 결정적인 원동력이었던 것입니다.

한 가족이 되라

여러분, 제가 목사이다보니 제 주변에 어려운 목사님이 많습니다. 저와 제 아내가 그리 대단한 사람은 아니지만 어려운 분들, 도움을 요청하는 분들을 외면하지 않고 돈이 생기면 계속해서 그들과 나누었습니다. 제일 마음 아픈 후배가 부목사로 사역하는데 아이가 넷입니다. 교회에서 받는 사례비로 아이 네 명을 키우며 어떻게 삽니까? 그러니까 계속 은행 대출을 받다보니 빚만 몇천입니다. 후배는 "형, 나 제주도로 내려갈래. 커피 내리는 일 할래" 그러면 저는 "안 된다. 끝까지 버텨라" 하고 돈이 생기면 50만 원도 보내고, 30만 원도 보내고, 아이들 먹이라고 치킨도 보내고, 커피 쿠폰도 보내고, 몇 년 동안 계속 그렇게 했는데 최근 좋은 소식이 들려왔습니다. 1천 명 정도 모이는 교회에 담임목사로 내정이 되었다는 것입니다. 그러면서 저에게 가장 먼저 이 소식을 전한다고 연락해왔습니다. 그런데 제가 더 기뻤습니다.

살면서 언제 제일 기쁘고, 언제 가슴이 제일 뜨겁고, 언제 제일 행복하십니까? 저는 저보다 더 삶이 어그러지고 무너졌던 사람이 적으나마 저의 도움을 붙잡고 그 삶을 견디다 견디다 스스로 자립하는 자리에 서게 되는 모습을 볼 때 제일 행복하고, 제일 감사하고, 제일 좋습니다. 여러분, 행복해지고 싶지요? 하나님께서 우리가 언제 가장 행복하도록 우리를 지으셨는지 아십니까? 내 옆에 있는 사람이 행복해하는 모습을 보고 내가 행복해질 때, 그때가 하나님께서 우리의 삶에 의도하신 가장 아름다운 상황이라고 저는 확신합니다.

사랑하는 여러분, 이 아모스의 목소리를 들으십시다. 아모스의 심판의 메시지, 하나님의 징계의 초점이 어디에 있을까요? 이스라엘의 착각을 부수고, 그들이 하나님의 마음을 다시 깨닫고, 계명을 지키는 것, 회개하고 돌아오는 것입니다. 우리가 이 시대의 교회와 목회자와 대형교회를 질타하는 것도 필요합니다. 그런데 무엇보다 저는 우리 교회가 이 로제토 마을 같았으면 좋겠다는 바람이 있습니다. 거창하게 '교회의 대안', '바른 교회', 이런 캐치프레이즈가 아닐지라도 적어도 이 공동체 안에서는 가난 때문에 고통을 받지 않고, 인간으로서의 존엄이 완전히 짓밟히는 그런 일은 없어야겠다고 생각합니다. 우리의 무관심 때문에 그런 일들이 발생한다면, 아모스의 심판의 메시지처럼 이 시대를 향한 하나님의 경고가 아니겠느냐 하는 것입니다.

'내가' 신앙생활을 잘하고 있고, '내가' 예배를 드리고 있고, 거기에 만족하는 것, 그것이 착각입니다. 신앙은 끊임없는 부담을 안깁니다. 그것이 정상입니다. 거룩한 부담감, 그것이 신앙입니다. 여러분, 지금 내가 속한 공동체가 나를 보호해주리라는 확신이 있습니까? 나는 과연 옆 사람에게 그런 확신을 주고 있습니까? 그런 선한 영향력을 지금 끼치고 있습니까? 옆 사람의 고통과 아픔을 듣고 그를 끌어안아줍니까? 우리는 한 발 더 나아가야 합니다. 아프고 힘들어도 돈 없고 힘겹고 어려운 한 사람을 끌어안고 감당하는 것입니다. 하나님 앞에 회개하고 한 가족이 됩시다.

"걱정하지 마라, 나 돈 많다!!"

이것이 여러분을 향한 저의 진심입니다. 여러분, 걱정하지 마십시오. 제가 가진 게 돈밖에 없습니다. 사랑하는 여러분, 내가 위기에 처했을 때 주변 사람들이 나와 끝까지 함께해줄 거라는 이 확신, 내가 속한 공동체가 나를 끝까지 지켜줄 거라는 이 확신이 우리 교회의 가장 연약하고, 가장 가난하고, 가장 하소연할 곳 없는 사람들의 마음에 새겨지기를 원합니다. 이 일을 하나님 앞에서 온전히 감당하는 복된 공동체가 되기를 소망합니다.

인간성 상실

암 2:6-16

이스라엘의 서너 가지 죄로 말미암아
내가 그 벌을 돌이키지 아니하리니

아모스서 1장 3절부터 2장 3절에는 다메섹(아람), 블레셋, 두로, 에돔, 암몬, 모압까지 유다와 이스라엘을 제외한 이방의 여섯 나라에 대한 심판의 메시지가 등장합니다. 그런데 이스라엘은 하나님께서 이 나라들을 강력하게 심판하시는 모습을 지켜보면서 꼴좋다고 손가락질을 합니다. 자신들을 괴롭히더니 잘되었다고 하는 착각에 빠져 있습니다.

그러나 이 여섯 나라에 대한 심판의 메시지는 결국 북이스라엘의 죄를 지적하기 위한 하나님의 사전 포석이었습니다. 북이스라엘에서 가장 먼 나라에서부터 점차 가까운 나라로 심판이 좁혀져 오는 양상이 나타납니다. 외교적 관계에서도 앞에 세 나라는 이스라엘과 적대적이고 원수처럼 지낸 나라인 반면, 뒤에 세 나라는 이스라엘과 먼 친척뻘 되는 가까운 나라들입니다. 그다음으로 북이스라엘과 더 가까운 형제 나라인 유다를 향한 하나님의 심판의 메시지가 선포됩니다. 이것이 중요합니다. 이 구조는 하나님께서 북이스라엘을 향하여 조금씩 조금씩 숨통을 조여오는 양상으로

인간성 상실

전개되고 있다는 것입니다. 하나님의 최종적인 타깃은 이방 여섯 나라도 아니고, 엄밀히 말해서 유다도 아니고, 북이스라엘이라는 것이 아모스서 1장에서부터 이 본문까지의 흐름입니다.

그렇다면 1장과 2장 3절까지 등장하는 여섯 나라를 하나님께서 심판하시는 이유는 무엇일까요? 하나님께서는 인간이 인간에게 가하는 잔혹한 범죄의 심판을 선포하고 계십니다. 1장 3절에 다메섹의 죄가 무엇이라고 기록되어 있습니까? 다메섹이 철 타작기로 타작하듯 길르앗 사람들을 짓밟아버렸기 때문에 하나님께서 이 죄를 심판하시겠다고 하십니다. 9절에 두로의 죄를 지적하고 계신데, 형제의 계약을 어기고 모든 전쟁 포로를 에돔에 팔아넘긴 죄를 심판하시겠다는 것입니다. 11절 에돔의 죄 역시 마찬가지입니다. 그들이 전쟁에서 패하여 도망치는 형제들을 끝까지 쫓아가서 잔혹하게 죽입니다. 13절은 그 정점이라고 할 수 있는 암몬의 죄를 기록하고 있습니다. 그런데 그 내용이 읽기에 불편할 만큼 끔찍합니다.

여호와께서 이와 같이 말씀하시되 암몬 자손의 서너 가지 죄로 말미암아 내가 그 벌을 돌이키지 아니하리니 이는 그들이 자기 지경을 넓히고자 하여 길르앗의 아이 밴 여인의 배를 갈랐음이니라 암 1:13

무시무시하지 않습니까? 전쟁으로 자기 지경을 넓히려는 것까지는 이해할 수 있습니다. 그런데 땅을 빼앗으려 하면서 길르앗의 여인들, 그것도 아이 밴 여인의 배를 갈라버립니다. 여인과 태아까지 살해하는 참혹한 장면입니다. 아예 씨를 말려버림으로써 훗날의 우환까지 없애겠다는 악한 행동입니다.

그런데 여러분, 어떻습니까? 북이스라엘 주변에 있던 나라들은 언약 백성도 아니고 하나님도 모르는 나라들입니다. 그럼에도 불구하고 하나님께서는 하나님의 공의라는 잣대로 이방 여섯 나라에게 정의의 심판을 적용하십니다. 이것은 하나님께서 한 가지 메시지를 분명히 하시는 것입니다. 하나님은 유다와 북이스라엘의 하나님으로 국한되어지는 분이 아니라 열방의 하나님이심을 분명하게 보여주는 장면입니다. 하나님은 인간의 존엄이 파괴되고 말살되는 현장을 결코 좌시하지 않으시고, 하나님의 공의가 어그러진 현장을 반드시 심판하는 분이심을 분명히 하고 있습니다.

신 한 켤레 값으로 팔리는 사람들

오늘의 본문은 이방 나라들과 유다에 대한 심판에 이어 북이스라엘을 향한 하나님의 심판의 내용이 이어집니다. 놀라운 것은 앞서 다루었던 여섯 나라와 남유다, 그러니까 일곱 나라는 그 죄의 단상을 하나씩 소개한 반면 이스라엘을 향한 죄목은 여덟 개로 늘어났으며 매우 구체적이고 사실적이라는 것입니다. 북이스라엘을 향해 멀리서부터 나선형으로 숨통을 조여오던 하나님의 심판이 여기에서 폭발해버립니다.

그런데 눈치가 빠르다면 조금 이상한 표현을 하나 발견하실 수 있을 것입니다. 2장 6절 중반부에 보시면 "이스라엘의 서너 가지 죄로 말미암아"라는 표현이 나옵니다. 이 표현은 앞서 여러 이방 나라들을 심판할 때도 동일하게 등장했는데, 실제 죄가 셋 또는 넷이라는 것이 아니라 여러 가지의 죄를 뜻하는 히브리어 관용구입니다. 즉 이방 나라들처럼 인간성이 상실된 죄들이 북이스라엘 안에도 만연해 있음을 암시하고 있는 것입니다.

그 죄가 구체적으로 무엇인지 집중적으로 소개되어 있습니다.

여호와께서 이와 같이 말씀하시되 이스라엘의 서너 가지 죄로 말미암아 내가 그 벌을 돌이키지 아니하리니 이는 그들이 은을 받고 의인을 팔며 신 한 켤레를 받고 가난한 자를 팔며 암 2:6

"그들이 은을 받고 의인을 팔며 신 한 켤레를 받고 가난한 자를 팔며", 이것이 언약의 나라인 이스라엘 땅에서 지금 벌어지고 있는 일이었습니다. 이스라엘의 죄악의 핵심은 가난한 자들에 대한 가혹 행위입니다. 더 구체적으로는 힘이 없는 자, 연약한 자, 죄 없는 자, 의로운 자입니다. 여기서 의인은 죄가 없는데 억울한 판결로 죄를 뒤집어쓴 경우를 말합니다. 그런데 은을 받고 의인을 팔아버립니다. 돈을 받고 사람을 사고파는 행위는 희년 제도에도 율법에도 저촉되는 일입니다.

바로 이어지는 구절에 신 한 켤레를 받고 가난한 자를 팔아버린다고 나오는데 여러분, 신 한 켤레가 뭐 그리 비싸겠습니까? 사람을 비싸게 판다고 해서 죄가 덜한 것은 아니지만, 신발 한 켤레를 받고 사람을 판다는 것은 그 사람을 동물보다 더 못하게 취급하는 행태입니다. 하나님께서는 한 사람의 목숨값이 신 한 켤레 값으로 교환되는 일들이 이스라엘 땅에서 벌어지는 것을 책망하셨습니다.

티끌 먼지처럼 짓밟히는 사람들

힘 없는 자의 머리를 티끌 먼지 속에 발로 밟고 연약한 자의 길을 굽게 하며 아버지와 아들이 한 젊은 여인에게 다녀서 내 거룩한 이름을 더럽히며 암 2:7

"힘 없는 자의 머리를 티끌 먼지 속에 발로 밟는다"라는 표현은 저도 한 번 읽고 그 의미를 캐치하기 어려웠습니다. 여기서의 뉘앙스는 이스라엘 나라 안에서 가난하다는 것이 마치 진토나 먼지, 티끌에 비견될 만큼 비참한 취급을 받았다는 것입니다. 아마 아모스가 그런 장면을 직접 목격했을 수도 있습니다. 경제적으로 힘든 상황에 있는 사람들, 자기 힘으로 자기를 지킬 수 없는 사람들의 삶이 티끌 먼지처럼 짓밟히고, 이스라엘 나라와 이스라엘 사람들이 그들을 더 가혹한 현실로 내몰았다는 것입니다.

"연약한 자의 길을 굽게 하며"에서 '연약한 자'는 우리가 일반적으로 이해하는 가난한 자, 비천한 자를 지칭하는 것이 아닙니다. 히브리어로 '아나빔'이라고 하는데, 한때는 부유했지만 하나님의 일을 위하여 자기가 가진 모든 재산을 다른 사람들에게 나누어주고, 하나님의 일을 수종 들기 위해 일평생 가난하게 살기로 스스로 작정한 자들, 하나님을 위하여 자기 인생을 구별해놓은 사람들입니다.

그런 그들을 어떻게 만들었다고요? 하나님 앞에서 소명의 길을 가고자 하는 믿음의 의인들이 그 길을 걸어가지 못하도록 합니다. 의롭게 살려고 하는 모든 시도를 의미 없는 일로 규정하고 무력화시킵니다. '내가 의롭고 거룩하게 살아봐야 뭐하겠나?' 하는 자괴감이 끊임없이 터져 나오도록 하는 사회 분위기를 만들고 특정한 사람들이 그것을 조장했다는 것입니다. 그러니까 지금 이스라엘은 하나님께서 일하시는 방향과 거꾸로 자신들의 삶과 사회를 몰아가고 있으며, 하나님이 보시기에 심각한 범죄를 아무렇지 않게 자행하고 있다는 것이 아모스 선지자의 고발입니다.

7절 하반부에는 가장 쇼킹한 장면이 등장합니다. "아버지와 아들이 한 젊은 여인에게 다닌다"라는 표현입니다. 이것은 단순히 이스라엘 사회의 성적인 타락상을 나타내는 구절이 아닙니다. 가난한 자를 짓밟는다는 전반적인 문맥에서 이 표현이 등장한다는 것을 놓치지 마십시오. 그러니까 돈이 없어서 자신의 몸을 팔아 삶을 유지할 수밖에 없는 사람, 인간 취급을 받지 못하는 여자가 있는데, 아버지와 아들이 동시에 그 여인에게 드나들며 자기의 정욕을 채우고 그 여인을 수단화한다는 것입니다. 하나님이 주인이신 언약의 나라에서 이런 일이 아무런 문제가 되지 않는 사회 분위기, 이런 행태가 만연하고 일반화된 악한 사회를 아모스 선지자가 고발하고 있는 것입니다.

앞서 심판을 받은 열방 나라와 북이스라엘을 한 번 비교해보십시오. 무엇이 다릅니까? 하나님 백성들의 삶이 더 심각하지 않습니까? 하나님께서는 "내 거룩한 이름이 더럽혀졌다"고 말씀하십니다. 여러분, 돈 때문에 인격이 짓밟히고 사람이 물건으로 거래되는 현실이 곧 하나님의 이름을 더럽히는 일과 직결된다는 것을 기억하십시오. 그러니 교회가 맘몬에 장악되는 것은 그야말로 하나님의 이름에 먹칠하는 일이라는 것을 잊지 말아야 합니다.

부당한 착취와 공존하는 종교 의식

8절 말씀도 이 맥락에서 살펴보아야 합니다.

모든 제단 옆에서 전당 잡은 옷 위에 누우며 그들의 신전에서 벌금으로 얻은 포도주를 마심이니라 암 2:8

8절 상반절에 "전당 잡은 옷 위에 누우며"라고 나오는데, 이것은 신명기와 출애굽기 말씀을 이해해야 합니다.

12 그가 가난한 자이면 너는 그의 전당물을 가지고 자지 말고 13 해질 때에 그 전당물을 반드시 그에게 돌려줄 것이라 그리하면 그가 그 옷을 입고 자며 너를 위하여 축복하리니 그 일이 네 하나님 여호와 앞에서 네 공의로움이 되리라 신 24:12-13

고대 사회에서 가난한 사람들은 대개 겉옷이 한 벌입니다. 해가 지면 그 옷을 덮고 잡니다. 옷이 옷으로만 기능했던 것이 아니라 이불로도 기능했던 것이 고대 사회의 가난한 자들의 현실입니다. 팔레스타인 지역은 낮에는 덥고, 밤에는 추워지는 사막 기후입니다. 그런데다가 집도 변변하지 않습니다. 그러니 옷을 전당 잡았더라도 해가 지면 그 옷을 돌려주라는 것입니다. 얼어죽지 않도록 말입니다. 그것이 하나님의 자비요 하나님의 공의입니다.

그런데 북이스라엘의 모습이 가관입니다. 그들은 전당 잡은 옷을 깔고 그 위에 누워서 벌금으로 빼앗은 포도주를 마시고 있습니다. 당시에는 지은 죄에 대한 벌금을 포도주로 대신 내는 일이 흔

했습니다. 그러니까 벌금을 포도주로 내라고 판결하고 나서 벌금으로 거둬들인 그 포도주를 마시는 것입니다. 따라서 이들은 관료나 권세자들이 분명합니다.

더 충격적인 것은 이들이 이 몹쓸 짓을 하고 있는 장소입니다. 8절에 "모든 제단 옆에서"라고 한 것으로 보아 종교 지도자들과 종교와 결탁한 권세자들이 하나님의 집에서 이 일을 벌이고 있다는 것을 알 수 있습니다. 이들을 한번 보십시오. 사실 이 포도주는 성전에서 드려진 제물 위에 부어드리는 전제(奠祭)의 포도주로 사용될 예물들이었습니다. 그런데도 성전에서 이런 행위가 관례화되었다는 것이 문제입니다. 왜요? 제사만 잘 드리면 되기 때문입니다.

이들에게는 종교 의식이 중요한 것입니다. 그 제물이 어디서 났고 어떤 부당한 착취를 통해 생성되었는지 상관이 없습니다. 성전을 가까이하기는 하지만 형제의 곤경에는 무심합니다. 가난한 자에 대한 억압, 인간성 말살에 대해 어떤 죄책감도 갖지 않게 되었으며, 이것이 하나님을 향한 종교 의식과 아무 문제 없이 공존하고 있다는 것을 보여주는 치명적인 장면입니다.

요즘 우리 식으로 말하면, 성도들이 하나님 앞에 드린 헌금으로 목사가 해외여행 가고, 좋은 차 타고, 안정적이고 부유한 삶을 누리는 동시에, 성도들이 교회에 기대하고 성도들이 듣고 싶어 하는 메시지로 하나님의 강단을 끊임없이 채우는 일들을 지속했다는 것입니다. 하나님은 이것을 두고 보실 수 없는 것입니다.

그런데 9절부터 12절까지 아모스가 갑자기 옛날 이야기를 꺼냅니다. 하나님은 이스라엘을 애굽에서 구출하여 자유를 주시고, 광야에서 인도하셨으며, 무엇보다 아모리 사람들을 진멸하여 가나안에 들어가게 하셨습니다. 아모스가 이야기하는 포인트가 9절 중반에 나옵니다.

내가 아모리 사람을 그들 앞에서 멸하였나니 그 키는 백향목 높이와 같고 강하기는 상수리나무 같으나 내가 그 위의 열매와 그 아래의 뿌리를 진멸하였느니라 암 2:9

아모리 사람은 백향목처럼 키가 크고 상수리나무처럼 강하다고 합니다. 이스라엘보다 훨씬 더 크고 강하다는 말입니다. 쉽게 말해 이스라엘 사람은 작고 힘이 없고 가난했습니다. 하나님께서는 그런 그들에게 살 집을 주셨고, 그들을 입혀주셨고, 보살펴주셨고, 지금 여기까지 인도하셨습니다.

그러나 이스라엘은 그런 하나님의 은혜를 전부 잊어버렸습니다. 자신들의 처지를 망각한 것입니다. 도리어 나실인들에게 포도주를 마시게 하고, 선지자들에게 예언하지 말라고 하였습니다. 그러니까 '아나빔', 자발적으로 주의 일을 하겠다고 나선 하나님의 사람들의 사지를 묶어서 그들이 더 이상 하나님의 말씀을 선포하지 못하게 하는 것입니다. 이것이 이스라엘의 가장 큰 죄악입니다. 그동안 자기들에게 부어진 무지막지한 사랑과 보살핌의 은혜를 망각한 채 그들 안에 있는 고아와 과부들, 가난하고 힘없는 자들을 유린한 것, 한마디로 그들이 이방 나라처럼 되어버렸다는 것입니다. 이것이 아모스서 1장 3절부터 지금까지 아모스 선지자가 구구절절 자세하게 고발하고 있는 내용입니다.

아모스가 살았던 시대의 이스라엘은 권력을 가진 자들이 가난한 자들을 착취하여 자신들의 안위의 재료로 삼았고, 하나님의 말씀을 선포해야 하는 선지자들이 하나님의 말씀보다 자기 이익과 평강을 더 위에 두었습니다. 이것은 하나님을 향한 명백한 반란 행위입니다. 하나님을 향한 거역과 반란은 다른 형태로 나타나는 것이 아닙니다. 하나님의 형상대로 지음 받은 사람을 멸시하는 모습, 하나님의 형상대로 지음 받은 사람을 착취하고 무시하고 조롱하는 것이 하나님을 향한 반란이요, 하나님을 향한 거역 행위라는 것을 잊으시면 안 됩니다.

아모스는 지금 이스라엘에서 벌어지고 있는 이 일을 사회적인 불의와 부정의 차원에서 고발하는 것이 아닙니다. 풍요롭고 부유하고 부족함이 없던 여로보암 2세 시대, 하나님의 땅 안에서는 아이러니하게도 하나님의 형상대로 지음 받은 인간의 가치가 완전히 땅에 떨어지는 일이 발생했습니다. 이것을 회복하지 않고서 다른 어떤 방법으로 하나님을 사랑하고 섬길 수 있겠습니까?

아모스 선지자가 선포한 하나님은 어디에나 계시는 하나님입니다. 특별히 타인(他人) 안에 계시는 분이라는 것을 잊지 마십시오. 따라서 아모스 선지자가 외친 메시지는 매우 선명합니다. 어떤 사람이 다른 사람을 대하는 태도를 보면 그가 진정으로 하나님을 사랑하고 섬기는지 아닌지를 알 수 있다는 것입니다. 공동체의 성숙함과 건강함을 보여주는 지표는 기도의 양이 아닙니다. 하나님의 말씀을 얼마나 사모하는지도, 헌신의 진정성도 아닙니다. 가장 작고 연약한 지체를 대하는 태도, 그것이 그 공동체가 하나님 앞에서 살아 있는지 아닌지를 보여주는 척도입니다.

이방 나라들과 같은 이스라엘의 죄와 그 심판

신자에게 출애굽이 의미하는 것은 무엇입니까? 우리 주 예수 그리스도의 복음이 무엇입니까? 우리에게 그 어떤 소망도 없고 모든 것이 파산 지경에 이르렀음을 고백하는 상한 심령의 상태에서 그리스도를 믿고, 그리스도를 붙잡고, 그리스도를 의지하는 것, 이것이 복음입니다. 그런데 왜 우리가 이 복음을 자꾸 상기시켜야 됩니까? 우리가 얼마나 파탄에 이른 죄인이었는지, 그래서 얼마나 큰 하나님의 은혜가 부어졌는지 잊으면 안 되기 때문입니다.

이 복음의 스피릿이 우리 심장에서 사라지기 시작하면 우리는 반드시 남을 이용하고, 남을 무시하고, 남을 비판하고, 남을 착취하는 자리에 서게 되고 마는 존재이기 때문입니다. 우리의 본성이 그렇습니다. 우리가 하나님으로부터 받은 은혜를 기억하지 않으면 남을 도울 때 반드시 보상심리를 갖게 됩니다. 끊임없이 남을 짓밟고 올라서려는 심리와 자기중심성이 발동되어 누군가를 욕하고 조롱하기 시작할 것입니다. 우리 입과 우리 삶에서 이런 열매들이 나타나고 있다면 그것은 우리의 삶이 예수 그리스도의 복음에서 명백히 이탈해 있다는 것을 보여주는 결정적인 증거입니다. 아모스도 이스라엘에게 바로 이것을 지적합니다. "너희가 받은 은혜를 기억하라. 그렇지 않으면 너희 역시 이방 나라들처럼 행할 수밖에 없고, 마침내 너희도 심판받고 말 것이다."

13 보라 곡식 단을 가득히 실은 수레가 흙을 누름 같이 내가 너희를 누르리니 14 빨리 달음박질하는 자도 도망할 수 없으며 강한 자도 자기 힘을 낼 수 없으며 용사도 자기 목숨을 구할 수 없으며 15 활을 가진 자도 설 수 없으며 발이 빠른 자도 피할 수 없으며 말 타는 자도 자기 목숨을 구할 수 없고 16 용사 가운데 그 마음이 굳센 자도 그 날에는 벌거벗고 도망하리라 여호와의 말씀이니라 암 2:13-16

13-16절은 이스라엘이 하나님 앞에서 받을 심판이 어떠할지에 대한 생생한 내용입니다. 하나님의 심판이 임하면 우리는 짓눌리게 됩니다. 계시록 14장 19절에 보면 포도가 하나님의 진노의 큰

포도주 틀에서 밟히자 틀에서 피가 나와 1600스다디온까지 퍼졌다고 합니다. 1스다디온은 192미터로, 계산하면 1600스다디온은 약 300킬로미터입니다. 말 그대로 엄청난 거리까지 피가 흘러갔다는 것입니다. 이것이 하나님의 진노의 무서움이지요. 이렇게 짓이겨지면 아무리 빨라도 도망할 수 없고, 아무리 강해도 힘을 낼 수 없고, 용사라도 자기 목숨을 구할 수 없습니다.

아모스의 상세한 심판 묘사가 불편하십니까? 그러나 신자는 늘 심판대를 머릿속에 그려야 합니다. 이 시대 복음주의 교회 강단에서 지옥에 관한 메시지가 사라지고 있지만, 지옥이 있다는 메시지는 복원되어야 합니다. 지옥의 메시지로 복음이 주는 자유에 다시 족쇄를 채우려는 것이 아닙니다. 지옥의 메시지를 통해서 우리가 얼마나 큰 심판에서 구원받은 존재인지, 우리가 하나님으로부터 받은 은혜가 얼마나 큰지를 확인할 수 있기 때문입니다.

한 TV 프로그램에서 어느 범죄 심리학자가 말했습니다. "범죄자들이 잔혹한 범죄를 저지르는 이유는 자기가 절대로 잡히지 않을 것이라는 확신 때문이다." 그러므로 범죄자들이 붙잡혀서 받게 될 형벌, 그들이 받을 심판을 생생하게 보여주고 또 그렇게 될 것임을 직간접적으로 인지시켜야 한다는 것이지요. 이것이 바로 하나님께서 이스라엘을 향하여 구체적으로 심판을 선언하시는 이유입니다. 궁극적으로는 그들을 돌이키기 위한 것입니다. 두렵고 떨림으로 우리의 구원을 이루어가도록 계속해서 심판의 메시지가 선포되기를 바랍니다.

인간성 말살 1 신앙의 개인화

인간성 말살은 교회 안에서도 늘 벌어지는 일입니다. 잘 안 보이십니까? '나는 그런 적이 없는데…' 이런 마음이 드십니까? 그것이 잔혹한 범죄 형태로 나타나지 않기 때문에 감추어져 있을 뿐이지, 이 시대의 교회는 군중 속에 숨어 암묵적으로 인간성 말살을 지지하는 집단처럼 되어버렸습니다. 그 증거가 무엇입니까? 우리의 신앙이 지극히 개인화되어버렸다는 것입니다. 아모스가 지적한 것처럼 종교 의식화되어버린 것입니다.

오늘날 신자들이 쓰는 말을 한번 보십시오. 같이 모여서 손들고 찬양하고 울고 "아멘"은 하는데 그뿐입니다. 우리의 고민과 주제는 모두 교회 안의 이슈입니다. 세상 사람들이 알아듣기 어려운 말들을 하고, 그들이 관심 없어 하는 주제에 몰두해 있습니다. 지극히 종교화되고 고착화되었습니다. 한마디로 교회 안의 이슈가 교회 밖의 이슈와 전혀 호환이 되지 않습니다.

그러나 아모스는 열방 심판 신탁을 통해 하나님의 공의가 모든 세계에 적용되며, 이스라엘에게는 그보다 더 높은 수준의 율법을 요구하신다는 것을 보여줍니다. 오늘날로 말하면 교회는 세상의 윤리, 세상의 정의 수준보다 더 높은 차원의 목소리를 내는 공동체가 되어야 합니다. 그러면 세상과 구별되어 종교화된 교회가 더 거룩해졌나요? 그렇지 않습니다. 오히려 본성적으로는 세상과 닮았습니다. 오늘의 본문과 똑같이 열방 심판 신탁이 이스라엘에게도 그대로 적용됩니다.

교회는 거룩한 명분과 비전을 내세우지만 그것을 이루는 방법은 세상이 하는 방식과 똑같습니다. 그리고 그 중심에 맘몬이 도사리고 있습니다. 교회를 보십시오. 코로나 사태로 헌금이 줄어들면 부교역자부터 자릅니다. 그것이 당연하고 상식이라고 생각합니다. 지금은 거의 없지만 사찰 집사님이 있는 교회에서는 목사부터 시작해서 모든 성도가 그를 종처럼 부립니다. 이런 일들은 세상 사람들이 보기에도 손가락질받을 만한데 아직도 공공연히 교회에 잔재합니다.

인간성 말살 2 집단적 무관심

두 번째로 교회가 보여주는 집단적 무관심입니다. 교회는 언제부터인가 불의가 있을 때 과감하게 싸우지 않고 침묵하는 것을 미덕으로 여기는 집단이 되었습니다. 이상하게 한국 교회는 불의 앞에 잠잠합니다. 불의 앞에서만큼은 겸양과 신중함을 유지하려고 애씁니다. 이것을 비겁하다고 치부할 수 없더라도 용기가 없는 것만큼은 분명합니다. 교회 밖의 불의는 고사하고 교회 안의 불의에 대해서도 침묵하는 것은 분명히 비겁한 행동입니다. 왜 이런 일들이 일어날까요? 군중이라는 익명성, 그 무책임의 그늘 아래에 있기 때문입니다. 불의가 승리해도 침묵합니다. 신앙의 개인화와 맞물려 이런 죄는 잘 발각되지 않고 그만큼 문제시되지도 않습니다. 그러니까 한국 교회는 개인의 구체적인 죄는 엄청나게 쪼아대고 죄책감을 가지게 만들면서 교회의 집단적 죄악에는 눈을 감아버립니다.

프리드리히 니체는 《선과 악을 넘어서》(다락원)라는 책에서 이렇게 말합니다.

"개인의 광기는 드물다. 하지만 집단, 당파, 민족, 연령 집단에서는 광기가 원칙이 된다."

미국 스탠퍼드대의 사회심리학자 필립 짐바르도(Phillip Zimbardo)는 평생을 "어떻게 착한 사람이 악해지는가"에 대한 연구에 바쳤습니다. 그가 했던 일명 '스탠퍼드 감옥 실험'이라는 실험이 있습니다. 실험 윤리 위반이라는 강력한 비판과 함께 여러 논쟁도 있었지만, 이 실험에서 얻는 통찰이 큽니다. 실험은 대학생 지원자들을 선발하여 무작위로 죄수와 간수로 그 역할을 나누어 가짜 감옥에서 살게 하는 것이었습니다. 그들은 예상보다 자기 역할에 더 잘 적응했습니다. 간수는 점점 더 진짜 간수처럼 변하여 권위적이고 폭압적으로 변했고, 죄수는 마치 진짜 죄수처럼 순응하게 되었다고 합니다. 이 과정에서 악으로 빠져들기 쉬운 이 미끄러운 길을 더 미끄럽게 만드는 일곱 가지 사회적 과정이 있다고 밝혔습니다.

1. 생각 없이 작은 첫걸음을 내딛는다.
2. 타인을 비인간화한다.
3. 자신을 몰개성화한다.
4. 개인의 책임을 분산한다.
5. 권위에 맹목적으로 복종한다.
6. 집단 규범에 대해 무비판적으로 순응한다.
7. 무행동 혹은 무관심을 통해 악을 수동적으로 용인한다.

일곱 가지 항목을 다 더해보면 개인화와 무관심이야말로 인간성 말살로 이어진다는 말이 됩니다. 정말 무서운 것은 이 항목이 대부분 한국 교회에 적용된다는 사실입니다.

지극히 작은 자에게 저지르는 우리의 죄

혹시 스포트라이트(Spotlight)라는 영화를 아시나요? 이 영화가 실화를 바탕으로 했기 때문에 더 충격적인데, 영화는 기자들이 미국 보스턴 교구 가톨릭 사제들의 아동 성추행 사건을 취재하는 과정과 그들이 추적한 충격적인 결과를 보여줍니다. 성추행을 당하는 아동들은 대부분 가난하고 소요된 계층의 아이들입니다. 이런 일이 잠깐 있었던 일이 아니라 오래 지속되었다는 것이 너무 끔찍한 내용이었습니다. 결국 추행을 당한 아이들은 세월이 흘러 어른이 되어도 제대로 된 삶을 살지 못합니다. 트라우마로 정신병을 앓거나 술과 마약에 빠져들고 스스로 목숨을 끊기도 합니다.

후일담을 나눠보면 보스턴 교구에서만 249명의 사제들이 성추행으로 고소를 당했다고 합니다. 생존하는 피해자만 1천 명이 넘고, 전체 사제 중 약 6퍼센트에 해당하는 사제들이 수십 년 동안 성추행을 지속했다는 것입니다. 여러분, 이런 일들이 교회 안에서 가능한 이유가 무엇입니까? 성추행을 당한 대상을 보면 알 수 있습니다. 놀랍게도 이 아이들은 여자아이들이 아니라 대부분 5살에서 7살 되는 남자아이들이었습니다. 왜 이런 아이들이 착취당했을까요? 이 시기의 남자아이들은 수치스러운 일을 당해도 부모에게 말하지 못하는 심리적 기제를 가진다고 합니다. 이들이 그 심리까지 다 파악하고 있었다는 것입니다. 쉽게 말해서 할 만하니까 그렇게 한 것입니다. 사제들은 멍청하지 않습니다. 머리를 굴려보고 얼마든지 해먹을 수 있는 대상이다 싶으니까, 이런 죄를 지속하더라도 자신들이 가진 인적 네트워크와 여러 수단과 방법을 동원할 경우 이 정도의 죄는 얼마든지 감추고 덮을 수 있었기 때문에 이 일들이 지속되었던 것입니다. 이 일이 교황청에 보고되었지만 교황청에서도 이들을 제대로 징계하지 않았다고 합니다.

어느 사찰 집사님이 계셨는데 관리 집사직을 잘한다고 소문이 나서 모 교회에 스카우트가 되었습니다. 세 자녀의 대학 등록금은 물론 좋은 봉급 조건을 약속받았다고 합니다. 그런데 그 교회 목사님이 연세가 많고 당뇨가 심했는데, 거동이 불편하다보니 교회 목양실에서 거의 사셨다고 합니다. 그래서 관리 집사의 일을 하면서 동시에 당뇨식으로 삼시 세끼 목사님의 식사를 챙겨드렸고, 매일 밤 불편한 다리 부위를 주물러드리는 일을 8년이나 계속하셨습니다.

그런데 문제는 약속한 대학 등록금을 이런저런 이유와 핑계로 주지 않았고, 봉급도 약속한 만큼 주지 않았다고 합니다. 목사님이 다리가 불편하시니까 어디를 가든지 차로 이동해야 하는데 그 차의 운전까지 도맡아 하게 되었습니다. 그러자 광고 시간에 또는 많은 성도들이 보는 앞에서 그 사찰 집사님을 호명할 때 "김기사"라고 불렀고, 뭔가 마음에 들지 않거나 스트레스 받는 일이 있으면 짚고 다니는 지팡이로 치며 역정을 내는 일도 많았다고 합니다.

세 아들이 그런 모습을 보고 피가 거꾸로 솟았지만, 부모님은 세 자녀가 장차 목사가 될 사람들이니까 참고 참으며 8년이라는 세월을 견뎌냅니다. 그렇게 고생한 두 분의 삶이 어떻게 되었을까요? 어머니는 간 이식 수술을 받으셨고 아버지는 뇌경색으로 쓰러지셨습니다. 교회 안에서 이런 일들이 비일비재하다니 너무 서글픈 현실 아닙니까.

구체적으로 교회 안에 나타나는 세상의 모습은 사람을 무시하는 일들입니다. 사람을 이용해먹고, 사람을 깔보고, 어떤 사람을 향해 우월감을 가지는 일들이 교회 안에서 많이 일어납니다. 우리는 할 만한 사람들을 이용하고, 할 만한 사람들을 무시하고, 할 만한 사람들을 짓밟습니다. 교회 안에서도 돈이 없고, 힘이 없고, 특히 주위에서 겉도는 아웃사이더들을 우리는 직감적으로 너무나 잘 파악합니다. 힘이 없는 사람, 성격이 좀 이상한 사람, 무엇보다 그 사람을 조롱하고 욕하고 뒷담화할 때 오히려 자기에게 더 힘과 영향력이 생기는 그런 사람들을 골라서 무시하고 깔보고 짓밟아요. 방법도 아주 교활합니다.

C. S. 루이스(C. S. Lewis)는 교회 공동체 안에서 발생하는 가장 치명적인 죄는 공동체 안에 더 작은 공동체를 만들어 영향력을 가지는 죄라고 고발했습니다. 개인이 직접 짓는 죄는 금세 드러납니다. 그러나 작은 공동체를 이루어 그 속에서 저지르는 죄는 잘 드러나지 않습니다. 그래서 사람들이 교회에 와서 당(黨)을 짓는 것입니다. 서로 지지하고 지지를 받고 함께하기 때문에 죄책감도 없습니다.

주님의 몸 된 교회 안에서 벌어지는 일들

그런데 반드시 기억해야 될 것이 있습니다. 스포트라이트 영화나 사찰 집사님 이야기에 나타나는 공통점이 무엇일까요? 가해자는 자기 죄를 가리거나 자기 죄를 감각하지 못하고 그 짓을 계속하고, 피해자는 그 가해자 때문에 삶과 신앙이 다 무너진다는 것입니다. 다른 곳도 아닌 주님의 몸 된 교회에서 연약한 자들이 받는 상처는 그들을 죽음의 문턱으로 내모는 극심한 수준의 고통과 절망감을 안깁니다. 왜냐하면 사람들은 그래도 그곳이 교회라는 기대를 가지고, 예수 믿는 사람들이 모인 곳이라고 여기고 찾아왔기 때문입니다. 그런데 바로 그 곳에서 그들이 세상에서 맞은 그 상처에 다시 교묘하게 상처를 내는 일들이 벌어질 때 그 사람들은 더 큰 상처와 깊은 절망 가운데 빠져드는 동시에 희미하게 붙잡고 있던 믿음마저 내던져버리게 됩니다. 저와 여러분이 살아가는 삶의 방식 때문에 말입니다.

세상에서 존경받는 사람이 교회에서도 존경받고, 세상에서도 비천하고 무시당하는 사람이 교회에서도 사람 취급을 받지 못하면 우리가 뭐하러 예수 그리스도의 이름으로 함께 모여 예배를 드리고 교회 공동체를 이룹니까? 우리가 돌아가야 할 길은 어디입니까?

임금이 대답하여 이르시되 내가 진실로 너희에게 이르노니 너희가 여

기 내 형제 중에 지극히 작은 자 하나에게 한 것이 곧 내게 한 것이니라 하시고 마 25:40

이 말씀이 오늘의 결론입니다. 어쩌면 우리 중에 구원받지 못하고 영원한 심판의 자리로 떨어질 사람도 분명히 있을 것입니다. 그들이 하나님 앞에서 최종적인 심판을 받게 되는 이유는 사람을 죽이고, 횡령하고, 나라와 민족을 팔아먹은 죄 때문이 아닐 것입니다. 특히 지극히 작은 자 하나를 무시하고 깔보고 조롱한 바로 그 죄 때문일 것입니다.

두려움을 가지십시오. 오늘 이 말씀을 가슴에 새기고 우리 교회의 지극히 작은 한 사람, 눈에 잘 띄지 않는 사람, 힘이 없고 약해서 상처받기 쉬운 사람, 모든 사람으로부터 좀 이상하다고 여겨지는 바로 그에게 가십시다. 그들의 한숨, 그들의 무기력, 그들의 짜증, 그들의 징징거림, 그들의 상처와 원망을 예수님을 사랑하는 우리의 믿음으로 보듬어 안고 같이 살아봅시다. 우리가 이 일에 실패한다면 우리는 주님이 원하시는 교회로 결단코 세워질 수 없다는 것을 기억하십시오. 우리 주님이 그런 사람들을 사랑하신 것처럼, 우리 주님이 우리를 사랑하신 것처럼, 나를 용납해주시고 나를 용서해주신 것처럼 사랑합시다.

가족을 포기하지 않는 교회

여러분, 가난한 사람들, 성격 이상한 사람들, 저도 이런 분들이 쉽지 않습니다. 이런 사람들을 껴안는다는 것은 우리 삶이 쪼개져야 가능합니다. 저 역시 이 메시지 앞에 너무 찔려요. 왜냐하면 우리 교회 모든 성도들을 통틀어서 우리 교회에 찌질하거나 상처 많고 좀 이상하다는 사람 뒷담화를 제일 많이 한 사람이 바로 제가 아닐까 싶기 때문입니다. 그렇지만 저에게 한 가지 귀한 것이 있습니다. 솔직히 저도 뒷담화도 하고 욕도 하고 불평도 하지만 한 번도 제 마음에서 그 사람들을 포기해본 적은 없습니다. 그리스도 예수 안에서 이분들이 한 가족이기 때문입니다. 우리가 가족을 포기하지는 않잖아요.

가난하다는 것은 단순히 돈이 없는 게 아닙니다. 자기 삶이 가난 속에 오랫동안 노출되었던 사람은 자기 의지와 상관없이 인격도 비뚤어지고 무기력해지고 성격도 뾰족해집니다. 우리가 생각하는 것만큼 삶의 의욕도 크게 가지지 못합니다. 아이큐가 떨어지기도 하고 정상적인 말과 행동을 하지 못하는 자리로 내몰리는 것이 가난입니다. 그런 사람들이 기댈 곳이 없어서 여기 왔는데, 그러면 그 사람들이 뿜어내는 징징거림, 한숨, 짜증, 이상한 성격을 보이는 그 모습 앞에 누가 서야 합니까? 먼저 목회자들이 서야 합니다. 이런 사람들을 끊임없이 품고 안는 것이 목회자의 사명입니다.

우리가 주님을 섬기듯이, 주님이 우리같이 죄 많고, 악하고, 죄 짓고 또 죄 짓는 우리를 끊임없이 용서해주시고, 안아주시고, 품어주시는 것처럼 우리도 이 공동체 안에서 말도 안 되는 짓들을 계속하는 가련하고 불쌍하고 한심하고 힘없고 가난한 사람들을 우리의 삶과 인생으로, 신앙으로 껴안읍시다. 그것이 아모스 선지자가 우리를 향해 던지는 하나님의 음성이라는 것을 잊지 마시기 바랍니다.

인간성 상실

03

하나님의 심방

암 3:1-15

사자가 부르짖은즉
누가 두려워하지 아니하겠느냐
주 여호와께서 말씀하신즉
누가 예언하지 아니하겠느냐

아모스서는 3장부터 6장까지가 주된 메시지입니다. 7장에서 9장은 환상으로 채워져 있습니다. 그러니까 7-9장은 3-6장의 주된 메시지를 그림 언어로 보여주는 것입니다. 아모스서 3장은 하나님께서 본격적인 심판을 행하시기 전에 마치 법정에 증인들을 불러다가 죄를 고발하는 것 같은 장면입니다. 곧이어 하나님은 이스라엘이 받을 형벌을 강력하게 선고하십니다. 하나님은 우선 그들이 언약 백성이었음을 강조하면서 고소를 시작합니다.

> 1 이스라엘 자손들아 여호와께서 너희에 대하여 이르시는 이 말씀을 들으라 애굽 땅에서 인도하여 올리신 모든 족속에 대하여 이르시기를 2 내가 땅의 모든 족속 가운데 너희만을 알았나니 그러므로 내가 너희 모든 죄악을 너희에게 보응하리라 하셨나니 암 3:1-2

이스라엘 백성들의 정체성의 기초는 출애굽 사건입니다. 그들에게 출애굽보다 더 중요한 역사적 사건이란 존재하지 않습니다. 출애굽의 의미는 유월절 정신 안에 담겨 있습니다. 하나님께서 이스라엘 백성의 고통과 부르짖음을 듣고 응답하셔서 그들을 구원하시는데, 그들을 구원하시는 하나님의 손길이 대단히 배타적인 형태로 나타났습니다. 우리가 그것을 출애굽기에서 분명히 목격했습니다. 하나님의 심판이 애굽을 강타하는 순간 오직 하나님의 백성들에게는 심판이 넘어가고(pass over) 면제됩니다. 바로 이 지점에서 이스라엘은 독특한 정체성을 소유하게 됩니다. 하나님이 우리만 선택하셨고, 우리만 특별하게 대우하신다고 하는 확신입니다. 이것이 하나님의 언약 백성으로서 그들의 자랑이자 그들의 정체성이 된 것입니다.

그러나 지금 아모스가 선포하는 내용은 이스라엘의 이 역사적인 경험과 정체성을 뒤엎어버립니다. 본문 1-2절 말씀을 구어체로 표현해보자면, "이스라엘아! 내 손 위에 너희만 올려놓겠다. 누구보다 철저하게 너희 죄를 조사하여 구체적으로 드러내고 그것에 합당한 형벌을 안길 것이다" 이것이 아모스 선지자를 통해 이스라엘 백성들에게 전하는 하나님의 메시지입니다.

한 치의 오차 없이 집행될 하나님의 말씀

아모스는 하나님의 심판의 정당성을 수사 의문문을 동원하여 점진적으로 강화시킵니다. 특별히 3-6절에 등장하는 질문과 대답은 사실 뻔하고 상식적인 내용들입니다. "두 사람이 동행하느냐?", "미리 그렇게 약속했으니까 그런 거지.""사자가 포효하느냐?", "먹이를 잡았으니 그렇겠지.""새가 잡혔느냐?", "덫을 놓았으니 그렇지.""성읍이 전쟁의 공포에 사로잡혔느냐?", "전쟁을 알리는 비상 나팔이 울리니까 그렇지.""재앙이 왔느냐?", "그것은 바로 하나님의 행하심 때문이다" 이런 내용들입니다.

수사 의문문이 이 맥락에서 등장하는 이유는 분명합니다. 이스라엘이 당면하게 될 재앙이나 심판은 작금의 이스라엘 백성들을 볼 때 너무 당연한 것이고, 무엇보다 이 심판은 이스라엘이 하나님과의 언약을 명명백백하게 어겼기 때문이라는 것입니다. 아모스는 바로 그 예언을 전하는 당사자로서 이렇게 말합니다.

7 주 여호와께서는 자기의 비밀을 그 종 선지자들에게 보이지 아니하시고는 결코 행하심이 없으시리라 8 사자가 부르짖은즉 누가 두려워하지 아니하겠느냐 주 여호와께서 말씀하신즉 누가 예언하지 아니하겠느냐 암 3:7-8

당연한 질문과 대답처럼 이스라엘도 하나님의 말씀에 반응하면 좋으련만 그들은 귀가 먹었습니다. 7절과 8절의 말씀을 보면 아모스의 메시지는 북이스라엘의 지도층과 종교 지도자들로부터 엄청난 저항을 받았던 것이 분명합니다. "근본도 없는 놈이 우리에게 말도 안 되는 심판 이야기를 하는 거냐? 너보다 더 신학에 정통하고 계시에 민감한 궁중 선지자들이 우리에게 얼마나 많은데, 그들이 우리에게 전해주는 하나님의 말씀과 정반대되는 이야기를 하다니, 그게 지금 말이 되냐? 이 나라를 봐라. 어디에 심판의 징조가 있느냐? 이렇게 태평성대를 구가하는 상황이 아니냐?" 이것이 그 당시 종교 지도자들과 사회 지도층들이 가지고 있던 마인드였습니다.

그러나 아모스는 이런 식의 반론과 저항에 아랑곳하지 않습니다. 하나님께서는 자기의 비밀을 자신의 종에게 미리 알려주지 않고 일하시는 법이 없으며, 무엇보다 자신은 하나님께서 말씀하셨기 때문에 예언하는 것이며, 자신의 메시지는 한 치의 오차도 없이 집행될 것을 분명히 말하고 있는 것입니다.

이방의 정죄와 하나님의 심판 선언

여기서 끝나지 않습니다. 이제 아모스는 증인들까지 소환하여 북이스라엘의 변명과 회피도 소용없도록 그들의 주장을 무력화시키고 있습니다.

9 아스돗의 궁궐들과 애굽 땅의 궁궐들에 선포하여 이르기를 너희는 사마리아 산들에 모여 그 성 중에서 얼마나 큰 요란함과 학대함이

있나 보라 하라 10 자기 궁궐에서 포학과 겁탈을 쌓는 자들이 바른 일 행할 줄을 모르느니라 여호와의 말씀이니라 암 3:9-10

하나님께서는 아모스를 통해 갑자기 아스돗과 애굽 땅의 궁궐들을 소환하십니다. 그리고 하나님의 백성들이 살고 있는 사마리아 성 안을 보라고 하십니다. 그러면 하나님은 왜 아스돗과 애굽을 부르서서 하나님 자신의 증인으로 삼고 있을까요? 아스돗과 애굽은 그들의 죄악으로 말미암아 하나님으로부터 가장 심하게 두드려 맞았습니다. 아스돗은 아모스서 1장 열국 심판의 메시지에 등장했던 블레셋의 여러 도시 중에 하나이고, 애굽은 출애굽 당시 하나님의 진노와 심판의 대상이었습니다. 이들을 부르서서 북이스라엘의 성 안에서 벌어지는 혼란과 학대를 보라고 하시는 것은 아스돗과 애굽이 하나님의 심판을 받았을 때보다 이스라엘의 상태가 더 심각하다는 것을 의미합니다. "이스라엘의 성 안에서 어떤 악한 일이 일어나는지 너희 눈으로 똑똑히 보고 나의 증인이 되어라. 너희들의 폭행과 겁탈은 이들에 비하면 새 발의 피에 불과하다."

이것은 하나님의 백성들에게 대단히 수치스럽고 부끄러운 일입니다. 언약 백성이 저지르는 더 큰 악이 이방 나라로부터 정죄를 당하고 조롱받고 있기 때문입니다. 이것은 마치 오늘날 교회 안에서 벌어지는 온갖 불의한 일에 대하여 하나님께서 불신자들을 증인으로 삼아 판단하고 정죄하는 것과도 같습니다.

그렇다면 이스라엘 백성들이 하나님 앞에서 저지르던 구체적인 죄의 내용은 무엇이었을까요? 9절 하반절에 "그 성 중에서 얼마나 큰 요란함과 학대함이 있나 보라", 여기서 '요란함'은 굉장히 큰 혼란을 의미하는데, 히브리어 원문의 뉘앙스를 살린다면, "사람과 사람 사이에 정직하고 바른 관계가 사라져버리고 폭력이 난무하며 일상을 유지할 만한 질서가 붕괴된 상태"를 의미합니다. 이어지는 10절에서는 이스라엘의 '폭행과 겁탈'이 이미 이방 나라들의 수위를 넘었으며 그 이유를 "바른 일을 행할 줄을 모르기" 때문이라고 했습니다. 이스라엘 안에서 일어나서는 안 되는 일들, '요란함'과 동시에 그 땅 안에 바른 일, 바른 판단, 바른 관계가 전부 다 사라지고 없다는 것입니다. '바른'으로 번역된 표현은 히브리어로 '네코하'인데 "정의로운"이라는 형용사에 가까운 의미입니다. 상대의 면전에서도 사실대로 말하고 판단하는 정의로운 행동을 가리킵니다.

그러니까 한마디로 이스라엘은 더 이상 사람 사는 나라가 아니라는 선언이 이루어지고 있는 것입니다. 사마리아 성 안은 종교 지도자들에게서 나는 부패의 냄새가 진동했고, 고아와 과부들은 길거리에서 죽음에 내몰렸습니다. 하나님께서는 이러한 이스라엘의 죄악을 차마 지켜보지 못하십니다. 하나님의 심판 선언이 터져 나오는데 그 분위기가 마치 이스라엘을 향한 진혼곡처럼 느껴집니다. 그 내용이 11-12절의 말씀입니다. 그런데 12절의 한글 개역 개정 성경의 번역은 조금 어렵고 자칫 그 의미를 오해할 수도 있을 것 같아 새번역 성경으로 읽으면 좋습니다.

11 그러므로 나 주 하나님이 선고한다. 적군이 이 나라를 포위하고, 너의 방어벽을 허물고, 너의 요새들을 약탈할 것이다. 12 나 주가 선고한다. 목자가 사자 입에서 양의 두 다리나 귀 조각 하나를 건져내듯이, 사마리아에 사는 이스라엘 자손도 구출되기는 하지만 침대 모서리와 안락의자의 다리 조각만 겨우 남는 것과 같을 것이다.

암 3:11-12 새번역

여러분, 심판이 임하면 이스라엘은 귀퉁이 조각만 남을 정도로 너덜너덜해지고 만다는 것입니다. 어떤 학자들은 양의 두 다리나 귀 조각, 또는 침상 모서리와 안락의자의 다리 등을 '남은 자'를 구출하시겠다고 하신 의미로 받아들이는데, 저는 이 해석에 동의하지 않습니다. 사자의 입에서 빼낸 너덜거리는 두 다리나 귀 조각은 처참한 상황에 대한 묘사이지 구원에 대한 묘사라고 보기 어렵습니다. 침상 모서리나 의자의 다리 조각 역시 마찬가지입니다. 호사스러운 침실에서 육체의 정욕을 불사르는 상류층들과 탈취한 재물로 좋은 집을 지은 재력가들 위에 얼마나 끔찍한 형벌이 내릴지, 결국 폐허가 되어버린 집안에서 건질 것이라고는 침상 모서리나 의자 다리 조각밖에 없다는 것이지, 결코 남은 자를 구원하신다는 하나님의 자비와 사랑을 표현하는 것이 아니라고 생각합니다.

벧엘의 제단에 쏟아지는 심판

그러나 하나님은 이 정도에서 심판을 멈추지 않으십니다. 아모스 선지자는 13-15절에서 하나님의 심판이 더 집중적으로 쏟아질 곳을 언급합니다.

13 주 여호와 만군의 하나님의 말씀이니라 너희는 듣고 야곱의 족속에게 증언하라 14 내가 이스라엘의 모든 죄를 보응하는 날에 벧엘의 제단들을 벌하여 그 제단의 뿔들을 꺾어 땅에 떨어뜨리고 15 겨울 궁과 여름 궁을 치리니 상아 궁들이 파괴되며 큰 궁들이 무너지리라 여호와의 말씀이니라 암 3:13-15

여러분, 사마리아 성이 정치의 중심이었다면 벧엘은 이스라엘의 종교의 중심인 상황입니다. 하나님께서는 먼저 벧엘의 제단들을 벌하시고 제단의 뿔들을 꺾으시겠다고 말씀하십니다. 벧엘이 심판의 장소가 되는 명백한 이유가 있습니다. 벧엘은 북이스라엘의 초대 왕이었던 여로보암이 두 금송아지를 만들어 하나는 벧엘에, 하나는 단에 두어서 백성들이 예루살렘에 있는 여호와의 성전에 올라가서 제사드리지 않도록 인위적으로 만든 예배 처소입니다. 그러니까 예배의 편이성을 위해, 그리고 민심이 이반하지 않도록 하기 위해 하나님께서 말씀하신 예루살렘 이외의 장소에, 그리고 예배드리는 방식까지 임의대로 만들어버린 죄를 하나님께서 지금 묻고 계신 것입니다. 쉽게 말해서 여기서 드려지는 제사에 아무런 효력이 없을 것이라는 선언입니다.

그리고 겨울 궁과 여름 궁을 치시고, 상아 궁들을 부수어버리겠다고 말씀하십니다. 겨울 궁, 여름 궁, 상아 궁들은 바로 이스라엘의 부패와 불의를 강력하게 드러내는 건축물들입니다. 회칠한 무덤처럼 깔끔하고 세련된 외관을 가진 궁궐 안에서는 수많은 연회와 만찬이 열렸습니다. 벧엘의 제단에서는 화려하고 웅장한 종교 의식이 치러졌습니다. 수많은 제물들이 거룩한 위엄을 자랑하는 제사장들을 통해 바쳐졌습니다. 하나님은 이 모든 건축물들을 다 부수시겠다고 말씀하십니다. 그야말로 무시무시한 심판 선고입니다.

이것이 아모스의 시대, 이스라엘의 모습만이 아니라 오늘 우리 시대에도 똑같이 재현되고 있다는 서글픔이 우리 안에 있습니다. 오늘날 대한민국 땅 위에 세워진 기라성 같은 건축물들을 보십시오. 크고 화려하고 최첨단을 달리는 건축물들이 교회 예배당들입니다. 하나님의 율법과 상관없이 자기들 마음대로 지은 벧엘의 제

단들은 화려하고 위세가 등등했지만 그곳에 과연 하나님이 임재
하셨을까요? 과연 하나님께서 돈과 사람을 퍼부어 드리는 제사
를 기쁘게 흠향하셨을까요?

11 여호와께서 말씀하시되 너희의 무수한 제물이 내게 무엇이 유익
하뇨 나는 숫양의 번제와 살진 짐승의 기름에 배불렀고 나는 수송아
지나 어린 양이나 숫염소의 피를 기뻐하지 아니하노라 12 너희가 내
앞에 보이러 오니 이것을 누가 너희에게 요구하였느냐 내 마당만 밟
을 뿐이니라 13 헛된 제물을 다시 가져오지 말라 분향은 내가 가증
히 여기는 바요 월삭과 안식일과 대회로 모이는 것도 그러하니 성회
와 아울러 악을 행하는 것을 내가 견디지 못하겠노라 사 1:11-13

이사야 선지자가 외쳤던 것처럼 하나님은 숫양의 번제와 살진
짐승의 기름과 피를 기뻐하지 않으십니다. 헛된 제물을 다시 가져
오지 말라고 하십니다. 무엇보다 그들이 성회와 아울러 악을 행
하는 것을 견디지 못하겠다고 하십니다. 가장 무서운 것이 무엇입
니까? 하나님의 백성이라는 너희의 손이 피투성이라면 나는 너희
들 앞에서 눈을 감아버릴 것이고, 너희들이 아무리 빌고 또 빌어도
듣지 않겠다고 분명히 말씀하셨다는 것입니다(사 1:15). 한마디로
벧엘의 제단에서 드려지는 그들의 종교 의식은 토가 나올 정도로
역겨운 것입니다. 하나님은 수천억을 들여 지은 이 땅의 예배당들

을 어떻게 바라보실까요? 하나님이 그곳에서 예배하는 자들에게 임하신다고 지금도 약속하고 계실까요?

하나님의 임재의 본질

오늘날 신자들은 하나님의 임재에 대해 대단한 착각을 가지고 있는 것 같습니다. '하나님의 임재'가 뭔지 한 번 설명해보라고 하면 백이면 백 설명을 못합니다. 보통은 신비한 체험, 기도하다가 들었다고 하는 하나님의 음성, 거룩한 느낌, 이런 것들을 하나님의 임재라고 말하는데 이런 것들은 하나님의 임재가 아닙니다. 히브리서 9장에 보면 땅의 성소를 빗대어 하늘의 성소를 설명합니다. 구약에서 하나님 임재의 상징은 바로 지성소입니다. 그 안에는 언약궤가 있습니다. 그리고 언약궤 안에 세 가지 물건이 있습니다. 하나는 만나가 담긴 금 항아리, 하나는 아론의 싹 난 지팡이 그리고 마지막으로 언약이 새겨진 두 돌 판입니다.

3 또 둘째 휘장 뒤에 있는 장막을 지성소라 일컫나니 4 금 향로와 사면을 금으로 싼 언약궤가 있고 그 안에 만나를 담은 금 항아리와 아론의 싹난 지팡이와 언약의 돌판들이 있고 5 그 위에 속죄소를 덮는 영광의 그룹들이 있으니 이것들에 관하여는 이제 낱낱이 말할 수 없노라 히 9:3-5

이 물건들의 공통적인 특징이 무엇입니까? 바로 이스라엘의 죄악과 실패를 보여주는 물건들이라는 것입니다. 하나님께서 이스라엘의 죄에도 불구하고 그들에게 은혜를 베푸신 상징들입니다. 그리고 이 언약궤 위 속죄소에 짐승의 피가 뿌려질 때 하나님께서 더 이상 그들의 죄를 기억하지 않겠다고 선언하시며 이스라엘 백성들 위에 나타나셨습니다. 이것이 구약의 지성소에 하나님께서 임재하시는 방식이었습니다.

신약 백성들인 우리에게도 똑같습니다. 우리가 우리의 못남과 죄악을 고백하고 회개하는 그 현장에 예수 그리스도의 속죄의 피가 덮이는 것이 바로 하나님의 임재입니다. 예수님의 보혈이 우리의 모든 죄와 실패를 덮어주십니다. 그러니 인위적이고 화려한 종교 행사, 특정한 건물이나 세련된 연출 가운데 하나님께서 임재하신다는 착각에서 빠져나오시기를 바랍니다. 이것 이외의 것으로 하나님의 임재를 설명하는 것은 전부 다 종교이지 기독교 신앙이 아닙니다.

소위 하나님의 임재를 경험했다고 하는 사람들을 보십시오. 자기 자아에 함몰되어 신비한 경험을 하고, 자신의 고민에 몰두하여 그것을 해결하는 데 매달립니다. 그리고 자신이 원하는 방식대로, 자기가 원하는 시간에, 자기가 원하는 예배 위에 임재가 있기를 소망합니다. 요즘은 예배당도 최첨단입니다. 심금을 울리는 음악과 보기만 해도 마음을 녹여버리는 조명과 인테리어가 예배당 입구에 들어서면서부터 가슴을 떨리게 하고, 눈물이 흐르도록 만듭니다. 그러나 착각하지 마십시오. 그것은 하나님의 임재의 본질이 아닙니다.

여러분, 이런 것은 기독교가 아닙니다. 하나님이신 예수님께서 낮고 낮은 이 세상 가운데 오신 것보다 더 생생한 하나님의 임재가 어디 있습니까. 하나님이 육신을 입고 우리 가운데 오신 것이 진짜 하나님의 임재입니다. 예수께서 우리와 같은 비천한 자리, 낮은 곳에 임하셨습니다. 그러니까 하나님의 임재를 경험한 사람들은 무엇으로 그 열매가 나타납니까? 반드시 낮은 곳으로 내려가게 되어 있습니다. 자신의 도움이 조금이라도 의미가 있을 법한 타인의 그늘진 삶의 현장으로 가서 자신의 삶을 내어줍니다. 이 열매가 없는 하나님의 임재는 신비한 경험이나 영적인 최면에 지나지 않습니다. 우리 교회가 이것을 잃어버리면 하나님이 더 이상 함께하실 수 없는 벧엘의 제단이 되고 말 것입니다.

구원의 확신과 구원을 이루어가는 밸런스

14절 "내가 이스라엘의 모든 죄를 보응하는 날에", 이 날은 '여호와의 날'을 의미합니다. 하나님께서 이스라엘을 방문하시는 날, 하나님께서 심방 오시는 것입니다. 전통적으로 심방이라고 하면 목사님이 오셔서 그 집에 필요한 기도와 간구와 위로를 해주시고,

자녀들의 삶에 복을 빌어주시는 축복의 이미지입니다. 그러나 지금 하나님은 벧엘의 제단들과 궁궐들을 완전히 부수기 위해 찾아오십니다. 그들의 종교 의식 뒤에 감춰진 악랄한 짓들을 완전히 다 짓밟아버리십니다. 이것은 하나님께서 사랑하는 언약 백성들에게 강력한 회초리를 대서라도 그들을 반드시 돌이켜내고야 말겠다는 의지의 천명입니다.

사랑하는 여러분, 우리에게도 하나님의 심방이 곧 오리라는 것을 기억하십시오. 우리의 일생 동안 부어주신 하나님의 은혜에 대한 결산의 날이 있다는 것을 믿고 두려워하십시오. 우리 구주 예수님의 초림이 은혜의 해를 선포하며 모든 포로 된 자들을 해방하며 가난한 자를 구원하시는 구속주의 심방이라면, 예수님의 재림은 칼과 재앙을 가지고 찾아오시는 심판주의 심방입니다. 구원의 확신을 가졌다고 안심하지 마십시오. 이 심판의 심방 앞에 온 인류는 나가떨어지게 될 것입니다.

구원의 확신을 갖는 것은 대단히 중요한 일이지만 신자들이 두렵고 떨림으로 자신의 구원을 이루어가는 일은 훨씬 더 중요한 일입니다. 구원의 확신과 두렵고 떨림으로 구원을 이루어가는 것이 밸런스를 이루어 양립할 수 있는 개념이라는 것을 기억하십시오. 그런데 구원받았다고 하는 확신이 우리의 삶을 방종으로 이끄는 경우가 굉장히 많습니다. 여러분, 단호하게 말씀드릴 수 있는 것은 구원의 확신을 가졌는데도 불구하고 여러분의 삶이 방종으로 흐르거나 잘못 살고 있는데도 그것을 자신의 인생 철학으로 정당화시키는 일들이 반복되고 있다면, 여러분 자신이 구원받은 사람인지 한 번 의심해보시기 바랍니다. 그것이 자신의 영적인 상태를 진단하고 확인하는 데 훨씬 더 유익할 것입니다.

목회를 하면서 교회 권속들과 진지한 대화를 나누어보면 "목사님, 저는 제가 구원받았다는 것, 하나님께서 심판주로 이 세상에 다시 오실 때도 그 심판대를 넉넉히 통과하여 구원받을 확신이 있습니다. 그리고 지금 죽더라도 우리 주님의 품에서 눈 뜰 확신이 있습니다" 이렇게 분명한 구원의 확신을 가진 사람들이 있습니다. 그런데 어떤 분들은 "목사님, 그때 가봐야 알지 않겠습니까? 저는 솔직히 구원의 확신은 없습니다" 이렇게 솔직하게 이야기하는 분들도 있습니다. 그런데 아이러니하게도 구원의 확신을 가진 분보다 구원의 확신이 없이 신앙생활 하는 분들이 하나님 앞에서 두렵고 떨림으로 더 거룩해지기 위해, 더 진지하게 몸부림치는 삶을 산다는 것입니다.

여러분, 우리가 진실로 우리가 받은 구원을 확신하는 사람들이라면 하나님 앞에 두렵고 떨림으로 우리의 구원을 이루어가고, 그 거룩함의 열매가 우리의 삶 가운데 나타나는 것이 맞지요? 그러면 이스라엘 백성들의 문제가 무엇입니까? 출애굽 사건을 경험한 그들의 정체성은 하나님이 그들을 선택하셨고, 그들만 사랑하셨고, 그들은 결단코 하나님의 자비와 사랑에서 떨어질 수 없는 사람들이라고 확신했다는 것입니다. 그러나 그들의 삶은 아모스가 선포한 그대로 방종과 타락과 부패라는 삶의 열매들로 가득 찼고, 그러면서도 그들은 자기들의 구원을 확신하는 가운데 있었다는 것입니다.

헌신하는 사람은 비난하는 사람이 아니다

여러분, 이 시대의 벧엘의 제단이 된 한국 교회를 설교자의 한 사람인 제가 욕하고 비판하고 대차게 까니까 여러분의 속이 좀 시원하십니까? 그런데 여러분, 이게 시원하기만 해서는 안 됩니다. 혹시 우리가 누군가를 까고 비판하고 욕하는 것으로 신앙의 기초를 삼고 있지는 않은지 걱정스럽습니다. '우리 교회가 벧엘의 제단 같지는 않구나. 만약 이 교회와 목사가 타락하면 내가 가만히 있지 않겠다' 이런 심정으로 눈에 불을 켜고 계시는 분들도 혹시 계실 것 같습니다. 다 좋습니다.

그런데 제가 목사의 양심으로 분명하게 말씀드리는데, 까고 비판하고 욕하시는 분들 중에 교회를 세우는 일들에 자신의 삶과 인생을 드리는 분들을 보지 못했습니다. 한국 교회가 어떻고, 목사들이 어떻고, 대차게 까시는 분들 중에 교회를 진실로 사랑하고, 그래서 교회를 안고 울고 기도하며 주님의 몸 된 작은 교회 하나가 온전히 세워지는 일에 진정으로 자신을 헌신하는 자들이 없더라는 것입니다. 까고 욕하고 비난하면 자신은 마치 그런 사람이 안 되는 것 같습니까? 그것을 자신의 정체성으로 삼고, 그것으로 자기 신앙의 내용을 채운들 무슨 소용이 있습니까? 무너짐이 더 심할 뿐입니다. 현명한 사람들은 자신이 몸담은 공동체의 부족함을 꼬집고 비판하고 욕하는 언어들로 자기 삶을 채우는 자들이 아닙니다. 그 비판을 넘어 어떤 실현 가능한 대안들이 있는지 함께 고민하고, 더디더라도 함께 교회를 세워가는 일에 자신의 삶과 인생을 드릴 것입니다.

우리 교회가 선교하는 미자립교회 중에 김준영 목사가 담임하는 더함교회가 있습니다. 제가 김준영 목사를 알고 지낸 시간이 꽤 되었는데 페이스북에 쓴 글이나 만나서 이야기를 나눠봐도 누군가 까는 이야기를 하는 법이 없습니다. 한국 교회의 상황이나 목사들의 행태를 놓고 충분히 화를 내고 비판할 만한데 한 번도 누구를 비난하거나 욕하는 것을 본 적이 없어요. 그래서 제가 왜 그런지 유심히 살펴보니 김 목사는 남을 까는 것이 아니라 자기 몸을 까고 있었습니다.

그 교회를 보면 진짜 답이 없습니다. 속을 다 썩이고 애태우는 어르신들, 빚더미에 앉은 사람들, 알코올중독자들, 답이 없고 소망이 없는 사람들이 교회에 가득합니다. 목사는 교인들 빚을 갚겠다고 아르바이트를 두세 개씩 하고 몸이 부서져라 그 분들을 섬기는 목회를 합니다. 그러니까 누구를 비판하고 탁상공론할 여력이 없는 것입니다. 저는 이것이 정말 귀하다고 생각합니다. 어느새 몸이 망가져서 공황장애가 오고 혈압이 너무 높아 의사가 사역을 중단하도록 권고한 상태입니다. 그런데 분명한 것은 이런 사람을 통하여 하나님나라가 전진하고 지옥의 권세가 이기지 못하는 주님의 몸 된 교회 하나가 그 지역에 세워진다는 것입니다.

온유와 인내와 낮아짐으로

우리 시대의 교회가 욕먹을 짓을 참 많이 했습니다. 그래서 개혁의 기치를 들고 등장한 교회들, 교회를 갱신하겠다고 나선 단체들이 많이 일어났습니다. 그런데 얼마 못 가 내부 분열로 무너지거나 외부의 공격으로 나가떨어집니다. '왜 그럴까?' 이것이 저에게 큰 고민이었습니다. 그런데 이유는 의외로 간단했습니다. 올바른 외침, 선명한 개혁의 아젠다, 높은 이상, 다 좋습니다. 좋은데 핵심은 그것을 수행하는 사람들의 성품에 문제가 있다는 것입니다. 올바른 방향으로 걷는다는 당사자들 안에 우리 주님의 온유함을 찾아보기 어려웠습니다. 거칠고 거만하고 독불장군식이고 자기의로 가득 찬 성품이 멋진 담론들을 현실화시키지 못하는 결정적인 장애물이 되어버립니다.

여러분, 한두 번 근사한 이야기를 내놓는 것은 누구나 다 할 수 있습니다. 문제는 긴 시간 인내하며 주님이 보여주신 바른 방향으로 끝까지 신실하게 걸어가는 것, 이것이 진짜 어렵습니다. 이 지구력이 바른 교회를 지향하는 목사와 성도의 심장 안에 있어야 합니다. 그런데 바른 메시지를 외치던 단체나 교회들도 몇 번 시도하다가 요지부동이자 막막한 현실의 벽 앞에서 다 도망칩니다. 하다 하다 열매가 없으니까 이런 의미 없는 일에 자신의 인생을 쏟아부을 수 없다 싶어서 도망가는 것입니다. 결국 온유함과 인내와 같이 성령의 열매로 나타나는 성품이 이깁니다. 그것만이 우리의 유일한 현실적 대안입니다.

복음의 가치도 마찬가지입니다. 온유와 인내, 오랫동안 교회와 영혼을 붙들고 섬기는 헌신이 없이는 결단코 복음의 열매가 나타나지 않습니다. 한국 교회의 현실이 아모스 선지자의 때와 같다는 현실 앞에서 그것을 비난하고 욕하는 것으로 우리의 정체성을 삼지 맙시다. 이것을 아예 하지 말자는 것이 아닙니다. 해야 합니다. 그러나 이것만으로 우리의 정체성을 삼다가는 우리가 욕하고 비난한 그대로, 어그러지고 무너진 이 시대의 벧엘의 제단과 같이 무너지거나 그보다 더 심하게 무너지게 될 것입니다.

그런 대로 들어줄 만하고, 헛소리 안 하는 설교를 들으면서 편안하게 신앙생활 하겠다는 생각을 가지고 있다면 그 생각부터 뜯어고치십시오. 불의한 교회, 비판해야 할 교회를 떠나 방황하다가 우리 교회에 오셨다고 해서 그냥 안주하지 마십시오. 이전 교회에서 헌신적으로 교회를 세우다가 너무 많은 상처를 받았기 때문에 이제 더 이상의 헌신과 봉사를 거부한다는 것도 결코 건강한 마음이 아닙니다. 우리가 교회 안에서 경험한 상처와 아픔이 더 건강하고 새롭고 따뜻한 교회, 성경적인 교회, 주님의 몸 된 교회를 세우기 위한 자양분이 될 것입니다. 우리가 이 일에 실패하지 않도록 교회를 사랑하고, 한 성도를 사랑하고, 하나님을 사랑하는 중심으로 더욱더 서로에게 다가가야 합니다.

높은 곳에서 낮은 곳으로 가십시오. 하나님의 임재와 하나님의 은혜를 경험하셨습니까? 하나님이신 그분이 낮고 낮은 우리, 비천한 우리를 찾아오신 것처럼 우리도 우리가 가용할 수 있는 모든 자원와 수단들을 가지고 낮고 낮은 곳으로 끊임없이 내려가야 합니다. 우리 시대의 서글픈 교회 현실을 비난하고 욕하기보다 온몸으로 다른 사람을 섬기는 실제적인 교회가 되도록 합시다. 그리하여 마지막 날 하나님께서 두 번째 우리를 찾아오시는 그 하나님의 심방이 있는 그 날, 하나님으로부터 "지극히 작은 일에 충성하였도다", "신실하였도다", "끝까지 해내었도다"라는 칭찬을 받는 저와 여러분들의 인생이 되었으면 좋겠습니다. 이 모든 일에 주인공들이 되어주시기를 우리 주님의 이름으로 축복합니다.

04

영혼을 파고하는 예배와 기도

암 4:1-13

너희는 벧엘에 가서
범죄하며 길갈에 가서 죄를 더하며

우리의 정성과 열심이 담긴 종교 행위들이 하나님과 우리의 관계를 더 소원하게 만들고, 하나님에게서 더 멀어지게 하는 결정적인 도구가 된다는 생각을 해보셨나요? 아모스는 본문에서 바로 이런 문제를 신랄하게 지적하고 있습니다. 그는 이스라엘의 이중성을 비판하며 본격적으로 문제를 제기합니다.

1 사마리아의 산에 있는 바산의 암소들아 이 말을 들으라 너희는 힘 없는 자를 학대하며 가난한 자를 압제하며 가장에게 이르기를 술을 가져다가 우리로 마시게 하라 하는도다 2 주 여호와께서 자기의 거룩함을 두고 맹세하시되 때가 너희에게 이를지라 사람이 갈고리로 너희를 끌어 가며 낚시로 너희의 남은 자들도 그리하리라 3 너희가 성 무너진 데를 통하여 각기 앞으로 바로 나가서 하르몬에 던져지리라 여호와의 말씀이니라 암 4:1–3

바산은 초목이 무성한 비옥한 땅으로 살찐 가축들이 많았습니다. 아모스는 지금 이스라엘의 수도 사마리아의 부자들을 바로 이 암소들에 빗대고 있습니다. 좀 더 구체적으로 말하면, 이들은 온갖 부정부패를 저지르고 그 대가로 분에 넘치는 풍요를 누리며 사치와 향락을 즐겼던 자들입니다. 아마 이들은 팽팽한 피부와 풍만한 몸집을 가졌을 것입니다. 이들이 이런 삶을 누리는 방법은 오직 한 가지였습니다. 왕이나 권세가들, 종교 지도자들 뒤에 숨어서 부정한 뒷거래를 하는 것입니다. 특히 힘없고 가난한 자들을 노예로 만들어 그들을 학대하고 착취하며 이런 삶을 지속했습니다.

1절 하반부에 그들이 하는 구체적인 행동을 살짝 언급합니다. "가장에게 이르기를 술을 가져다가 우리로 마시게 하라." 이 말이 과연 무엇을 의미할까요? 남편을 뒤에서 조정하여 자기의 탐욕과 향락을 채우는 얼빠진 여자들의 모습을 이스라엘에 비유하는 장면입니다. 어느 사회를 보더라도 권력층이나 재벌들은 늘 뒤에 숨어서 움직입니다. 싸움의 전면에는 하수인들을 내세우고 자신은 뒤에서 실세 노릇을 합니다. 법과 사회 질서도 그들에게 의미가 없습니다. 힘 없는 자를 학대하며 가난한 자를 압제하여 온갖 사치와 더러운 짓을 일삼는 어그러진 부자들의 모습을 묘사하고 있는 것입니다.

하나님은 이런 이스라엘의 모습을 보며 하나님의 거룩한 이름을 두고 맹세하십니다. 심판의 날이 이르면 이 자들을 고기 갈고리에 꿰고, 낚시로 물고기를 잡듯이 잡아갈 것이라고 말씀하십니다. 동시에 무너진 성벽 사이로 끌려 나가 내동댕이쳐질 것이라고 경고하십니다. 물질적 풍요가 하나님의 축복과 은혜의 증거가 아님을 하나님은 분명히 선언하십니다. 안타까운 것은 이런 메시지가 그들의 귀에 전혀 들리지 않는다는 것입니다. 왜일까요? 그들에게는 그들이 진심을 다해 드리는 예배와 기도가 있었기 때문입니다. 참으로 희한한 지점이자 황당한 상황입니다.

부자들에게 종교성이 강화되는 이유

4 너희는 벧엘에 가서 범죄하며 길갈에 가서 죄를 더하며 아침마다 너희 희생을, 삼 일마다 너희 십일조를 드리며 5 누룩 넣은 것을 불살라 수은제로 드리며 낙헌제를 소리내어 선포하려무나 이스라엘 자손들아 이것이 너희가 기뻐하는 바니라 주 여호와의 말씀이니라

암 4:4-5

당시 이스라엘 백성들에게 벧엘에 있는 성소에 올라가는 것은 최고의 헌신이자 신앙의 이상이었습니다. 신앙의 열심을 가진 자들이라면 누구나 벧엘을 사모했고, 그곳에 가서 예배드리기를 원했습니다. 아모스는 그들을 향해 단호하게 말하고 있습니다. 벧

엘에 가서 길갈에 가서 아침마다 희생제물을 올리고, 삼 일마다 십일조를 드리고 수은제와 낙헌제를 드리면서 죄를 지으라고 말합니다. 헌금을 하면서 예배를 드리면서 죄를 지으라니 이게 도대체 무슨 말입니까? 아모스는 지금 그들의 모습을 신랄하게 비꼬는 것입니다.

여호와 하나님을 믿는 신앙이나 기독교 신앙이 왜곡되면 나타나는 한 가지 특징이 있습니다. 바로 잘 사는 사람일수록 예배와 기도가 용이하고, 응답도 빠르게 받고, 더 많은 평강과 은혜를 느끼게 된다는 것입니다. 부자들이 먹고 살기에 바빠서 신앙의 열심이 없다고 생각하면 착각입니다. 더 열심히 합니다. 인간은 모든 일이 잘 돌아가는 상황에서도 끊임없이 불안과 공포를 느낍니다. 또 자기 삶이 안정적이고 만족스러우면 어떤 방법으로든 그것을 유지하고 그 삶의 정당성을 확보하려고 드는 존재입니다. 이 모든 것을 유지하고 확보하는 방법이 바로 종교입니다.

그러니까 부자들은 그들이 그토록 사랑하는 현재 자신들의 삶을 초월적 존재로부터 보호받기를 원하는 종교성이 더 강해질 수밖에 없고, 그렇기 때문에 그 중심에서 누구보다 간절하게 하나님을 찾습니다. 반면에 무엇을 해도 삶이 나아질 기미가 보이지 않는 사람들, 가난한 사람들은 간신히 버티고 간절히 하나님을 찾아 기도하다가도 달라지지 않는 현실 때문에 대부분 주저앉습니다. 이것은 믿음이 좋고 나쁘고의 문제가 아닙니다. 누구나 다 그럴 수밖에 없습니다. 악과 깡도 최소한의 삶의 기반이 있어야 가능하지, 모든 것이 다 무너진 상황에서는 악도 깡도 정신력도 무용지물입니다.

부자들은 하나님이 해주신 응답이 아닌데, 자기가 자기 삶의 수단과 방법으로 스스로 이루어내고 "하나님께서 해주셨습니다" 이렇게 고백합니다. 그것이 그들이 하나님을 섬기고 예배하는 방식입니다. 그렇게 해서 사람들로부터 신앙 좋다는 이야기도 듣고, 자기 삶의 정당성도 확보하고, 도랑 치고 가재 잡고 일석이조인 셈입니다. 그러나 가난한 이들은 아무리 기도해도 기도가 잘 응답되지 않을 뿐 아니라 삶도 달라지지 않습니다. 이런 현실에서 누가 하나님을 더 자주 찾고, 더 간절히 찾고, 더 정성을 쏟아붓겠습니까? 당연히 부자들입니다. 성전에 올라가서 삼 일마다 십일조하고, 수은제, 낙헌제를 풍성하게 드리면 궁중 제사장들과 선지자들이 그들의 신앙적인 헌신을 얼마나 칭찬하고 격려해주겠습니까. 궁중 제사장들과 선지자들로부터 받는 인정으로 말미암아 가난한 자들을 압제하고 착취하면서 자신들의 부를 유지하고 있는 그들의 삶에 마취 주사를 놓는 것입니다.

예배가 가장 심각한 죄가 되는 비극

하나님은 아모스를 통해 이런 식의 자기 만족과 자기 안위를 위한 제사, 이웃과의 나눔이 전혀 없는 제사, 가난하고 힘 없는 자들에 대한 압제에 기초하여 드리는 제사는 하나님과 아무 상관이 없는 헛짓이고, 그런 헛짓을 계속하면 할수록 하나님 앞에 오히려 죄를 더하는 것임을 분명히 선포하고 있는 것입니다. 예배 그 자체, 기도 그 자체에 함몰된 신앙보다 더 무서운 죄가 없습니다. 오해하지는 마십시오. 아모스는 지금 제사나 율법 자체를 부정적으로 말하고 있는 것이 아닙니다. 그들의 중심에 있는 왜곡된 종교, 오해한 신앙, 미신적인 제사를 꼬집는 것입니다.

아모스가 살아서 오늘 이 강단에서 하나님의 말씀을 전하는 선지자였다면 분명히 이런 메시지를 선포했을 것입니다. "예배당에 가서 더 죄를 지어라. 기도원에 가서 범죄해라. 새벽마다 헌금을 드리고, 매주 십일조를 드려라. 예배에 목숨을 걸고, 감사헌금을 해라. 그리고 자랑해라. 신자들아, 당신이 바친 헌금이 얼마나 큰 금액인지, 그리고 그것이 얼마나 큰 하나님의 은혜인지 주변 사람들에게 떠벌리고 나팔을 불어라. 너희가 그것을 가장 좋아하지 않느냐."

예수 믿는 신자에게 자기 죄를 돌이키지 못하게 하는 결정적인 원인이 예배와 기도가 될 수 있다는 무서운 사실을 똑바로 직시하십시오. "나는 예배에 목숨을 걸었다", "나는 기도하는 사람이다"라는 자의식이 자신의 삶에 심각한 결함이 있다는 생각을 지워버리고, 자기의 영혼이 하나님 앞에서 얼마나 부패한 존재인지를 자각하지 못하게 만드는 결정적인 원인이 되기도 하는 것입니다. 기도가 기도를 바로잡고 예배가 예배를 바로잡는 일이 분명히 존재하지만, 잘못된 기도와 예배는 자기 생각을 더 강화시키는 방향으로 흘러간다는 사실을 잊지 마십시오. 아모스의 표현대로 하면, 하나님을 믿는다고 하는 자들이 저지르는 가장 심각한 범죄 행위가 그들의 예배가 된 것입니다.

하나님의 언약적 저주

이어지는 6-11절을 보십시오. 하나님께서는 이 말씀을 통해서 이스라엘이 이전에 직간접적으로 경험했던 하나님의 심판과 재앙들을 모두 상기시키고 있습니다. 6-11절에 나타나는 일곱 가지 재앙은 단순한 자연재해가 아니라 전부 언약적 저주입니다. '언약적 저주'란 한마디로 그들이 가난하고 곤고한 자들, 힘없고 약한 자들에 대한 언약 백성으로서의 의무를 저버렸을 때, 바로 그 죄들 때문에 하나님으로부터 받게 되는 심판과 저주입니다.

10-11절에 언급되듯 여기에 등장하는 재앙들은 애굽과 소돔과 고모라에 부어진 재앙들입니다. 애굽과 소돔과 고모라가 왜 하나님으로부터 심판을 받았습니까? 어떤 분들은 동성애 때문에 심판을 받았다고 하는데 그런 뉘앙스가 분명히 있습니다. 그러나 소돔이 하나님으로부터 심판을 받았던 더 명시적인 이유가 에스겔

서에 나옵니다.

> 49 네 아우 소돔의 죄악은 이러하니 그와 그의 딸들에게 교만함과
> 음식물의 풍족함과 태평함이 있음이며 또 그가 가난하고 궁핍한 자
> 를 도와주지 아니하며 50 거만하여 가증한 일을 내 앞에서 행하였음
> 이라 그러므로 내가 보고 곧 그들을 없이 하였느니라 겔 16:49–50

하나님은 배고픈 자들을 외면하는 이스라엘에게 배고픔이라
는 저주를 내리십니다. 이것이 바로 하나님의 언약적 저주입니다.
여기서 우리가 주목해야 할 부분은 아모스가 하나님의 재앙과 저
주를 하나씩 언급하면서 마지막에 덧붙이는 문구입니다. 6절 말
미에 "너희가 내게로 돌아오지 아니하였느니라 여호와의 말씀이
니라" 이렇게 나와 있습니다. 8절, 9절, 10절, 11절에도 이 표현이
똑같이 등장합니다. 이토록 심각한 재앙과 심판을 퍼붓는데도 왜
알아듣지 못하느냐는 것이 하나님의 절박한 심정입니다.

이스라엘의 완악함과 고집, 하나님의 끈질긴 애정이 대조적으
로 그려지고 있습니다. 하나님의 여러 재앙에도 불구하고 끝까지
돌아오지 않는 이스라엘의 모습은 이스라엘이 또 하나의 애굽이
되었고, 또 하나의 소돔과 고모라가 되었음을 보여주는 결정적인
증거요 장면입니다. 출애굽을 경험했다고 이스라엘이 되는 것이
아닙니다. 동성애를 하지 않는다고 자동적으로 하나님의 언약 백

성이 되는 것도 아닙니다. 이스라엘은 그들에게 요구되는 언약과 새로운 삶의 방식 때문에 이스라엘이 되고 하나님의 백성이 되는 것입니다.

그런데 그들은 이 사실을 잊어버렸습니다. 그들에게 다윗 언약이 있고, 예루살렘 성전을 보유하고 있으며, 출애굽 사건과 유월절 정신이 그들의 삶에 녹아 있다는 자부심이 유다 백성들로 하여금 하나님의 자녀라는 잘못된 확신을 주어 도리어 그들이 하나님 앞으로 나아가지 못하게 만든 결정적인 사실이 되었습니다. 북이스라엘 역시 그들이 풍성한 제사와 감사가 넘치는 벧엘의 제단을 보유하고 있으며, 하나님 앞에 자신들의 삶을 드리고 있다는 자의식에 사로잡혀 있었습니다. 언약, 성전, 제사, 하나님을 향한 감사의 마음이 그들로 하여금 하나님을 제대로 이해하지 못하게 만들었고, 하나님을 제대로 섬기고 예배하지 못하게 만드는 결정적인 장애물이라는 사실이 얼마나 황당합니까?

그렇다면 하나님께서 우리에게 원하시는 제사의 모습은 과연 무엇일까요?

17 너는 곡식과 포도주와 기름의 십일조와 네 소와 양의 처음 난 것과 네 서원을 갚는 예물과 네 낙헌 예물과 네 손의 거제물은 네 각 성에서 먹지 말고 18 오직 네 하나님 여호와께서 택하실 곳에서 네 하나님 여호와 앞에서 너는 네 자녀와 노비와 성중에 거주하는 레위

인과 함께 그것을 먹고 또 네 손으로 수고한 모든 일로 말미암아 네 하나님 여호와 앞에서 즐거워하되 19 너는 삼가 네 땅에 거주하는 동안에 레위인을 저버리지 말지니라 신 12:17-19

이 말씀은 이스라엘 백성들이 하나님 앞에 드리는 제사는 반드시 함께 살아가는 노비와 자기 분깃이 없는 가난한 레위인과 함께 나누는 축제가 되어야 한다는 것을 분명히 하고 있습니다. 자기 것을 나눔으로 함께 기뻐하고 즐거워하는 실제적인 열매가 없는 예배는 하나님 앞에 가증한 것이고, 하나님의 심판의 근거가 된다는 사실을 기억해야 합니다.

이스라엘 심판의 원인이 바로 이 지점입니다. 그들에게 예배가 없었던 것이 아닙니다. 그들에게 기도가 없었던 것이 아닙니다. 하나님 앞에 드리는 헌금이 없었던 것이 아닙니다. 차라리 그들이 하나님을 완전히 잊어버리고 자신의 정욕과 욕심을 끊임없이 채우는 죄만 계속해서 지었다면 하나님 앞으로 돌아왔을지 모릅니다. 그러나 그들은 예배했고, 그들은 기도했고, 하나님 앞에 풍성히 드렸던 자들입니다. 단 그들의 예배에는 이웃을 돌보고 가난한 사람들을 사랑하고 섬기는 열매가 전혀 없었습니다. 윤택한 자신들의 삶에 더해진 지속적이고 정성이 담긴 예배, 그 예배가 주는 달콤한 평안과 은혜받은 느낌이 그들을 파멸의 자리로 내몰고 말았습니다.

네 하나님 만나기를 준비하라

이제 하나님의 마지막 선언만 남았습니다.

> 12 그러므로 이스라엘아 내가 이와 같이 네게 행하리라 내가 이것을 네게 행하리니 이스라엘아 네 하나님 만나기를 준비하라 13 보라 산들을 지으며 바람을 창조하며 자기 뜻을 사람에게 보이며 아침을 어둡게 하며 땅의 높은 데를 밟는 이는 그의 이름이 만군의 하나님 여호와시니라 암 4:12-13

하나님은 앞서 보여주신 재앙들을 다시 이스라엘에게 행하시 겠다고 말씀합니다. 재미있는 것은 뒤따라 나오는 표현들입니다. "이스라엘아 네 하나님 만나기를 준비하라." 이스라엘에게는 심판과 재앙이 하나님을 만나는 날이 되는 것입니다. 아모스의 표현대로 하자면, 그들이 만나게 될 하나님은 산들을 지으시며, 바람을 창조하며, 자기 뜻을 사람에게 보이며, 아침을 어둡게 하며, 땅의 높은 데를 밟는 만군의 하나님 여호와이십니다. 하나님께서 그들을 재앙으로 심판하시는 목적이 무엇입니까? 하나님은 그들에게 재앙과 징계를 통해서라도 하나님 자신이 누구신지 명백히 알리겠다고 말씀하십니다. 그들의 왜곡된 신앙, 종교 의식과 우상이 만들어낸 그들의 머릿속에 담긴 가짜 신들을 깨부수시고, 하나님만이 참된 하나님이라고 선언하시는 것입니다.

이스라엘은 광야에서 이미 수차례 배웠습니다. 누가 비를 내리시는 분인지, 누가 바람을 불게 하는지, 누가 태양을 주어 곡식을 자라게 하는지, 누가 양식을 공급하시는지 배웠습니다. 그들의 생사가 누구에게 달려 있으며, 그들의 참된 주권자가 누구인지 그들은 이미 알고 있습니다. 그런 그들이 바알의 문화를 받아들여서 자신들의 힘으로 지어놓은 요새와 성곽 안에서 호의호식할 때 그들은 광야에 계신 하나님을 잊어버렸습니다. 아모스는 여기서 일부러 비와 바람과 구름의 신인 바알의 이미지를 가져오고 있습니다. 그러니까 그들의 머릿속에 비와 바람과 구름의 신으로 각인된 신은 바알이 아니라 바로 천지만물을 자기 뜻대로 움직여 이스라엘을 심판하시는 하나님, 자기 자신이 누구신지 분명히 계시하시는 여호와 하나님이라는 것입니다.

어쩌면 우리가 가진 하나님에 대한 이미지, 하나님에 대한 이해와 심상이 바알일 가능성이 많습니다. 결정적인 증거가 무엇입니까? 우리가 수많은 예배를 드리고, 우리의 간절함을 담아 기도하지만 우리의 삶은 전혀 나아지지 않습니다. 더 구체적으로 말해 우리가 예수를 오래 믿어도 궁핍에 처해 있는 이웃들을 향한 애틋한 사랑, 그들을 향한 연민이 자라나지 않습니다. 그저 내 삶, 내 가족, 내 자식 돌보는 것을 신앙의 목표로 삼고 있습니다. 그마저 전전긍긍하면서 해내는 것도 대단하다고 스스로 위로하고 안심시키고 있습니다.

야곱이 하나님을 만난 벧엘

마지막으로 다시 본문 4장 4절 말씀으로 결론을 맺으려고 합니다. "너희는 벧엘에 가서…" 사실 이 표현은 당시 제사장들이 이스라엘 백성들에게 성소로 올라와서 하나님을 예배하라고 하는 관용구입니다. "벧엘로 가라"는 메시지의 본질은 무엇일까요? 우리가 잘 아는 대로 벧엘은 창세기 28장에서 야곱이 하나님을 만난 장소입니다. 야곱은 하나님께서 그의 할아버지 아브라함, 그의 아버지 이삭에게 약속하신 하나님의 언약을 잇기 위해 일흔일곱 살에 밧단아람으로 향합니다. 소년 야곱이 형 에서의 협박이 무서워 어머니가 싸준 도시락을 메고 밧단아람으로 도망쳤다는 이야기는 소설이지 성경이 말하고 있는 야곱의 모습이 아닙니다.

잘 생각해보십시오. 에서는 마흔 살에 이미 헷 족속의 두 여자와 결혼을 했습니다. 그 후에도 에서는 다시 결혼을 합니다. 그러나 쌍둥이 야곱은 이방 여자와 결혼하지 않았습니다. 사실 그가 밧단아람으로 간 것은 하나님의 언약을 잇기 위해서입니다. 왜냐하면 아브라함과 이삭에게 전달된 언약을 이어갈 당사자인 장자 에서가 이미 이방 여자와 결혼을 함으로써 그 가문에 흐르는 여호와 신앙의 계보가 더럽혀졌기 때문입니다. 그런데 에서가 이방 여자와 결혼하고 나서 한참 세월이 흘러 일흔일곱 살이 될 때까지도 야곱은 결혼하지 않았고 그 땅에 머물러 있었습니다. 왜냐하면 그 땅에 하나님을 경외하는 여자가 없었던 것입니다. 야곱은

영혼을 파괴하는 예배와 기도

이 세월들을 참고 기다리다가 하나님의 언약을 잇기 위해 밧단아람으로 간 것입니다.

그렇다면 하나님께서 아브라함, 이삭 그리고 야곱에게 약속하신 언약이란 무엇입니까?

이 약속들은 아브라함과 그 자손에게 말씀하신 것인데 여럿을 가리켜 그 자손들이라 하지 아니하시고 오직 한 사람을 가리켜 네 자손이라 하셨으니 곧 그리스도라 갈 3:16

그렇습니다. 하나님께서 아브라함, 이삭, 야곱에게 주신 약속은 다른 것이 아닙니다. 그 가문을 통해 이 땅에 구속주이신 그리스도가 오게 하겠다고 하신 약속입니다. 예수 그리스도를 믿음으로 말미암아 천하 만민이 복을 받게 되는 일을 이 가문을 통하여 이루시겠다고 하신 것이 하나님께서 아브라함과 이삭과 야곱에게 주신 언약입니다.

이 언약만은 흐트러짐 없이 이루기 위해 야곱은 밧단아람으로 갔고 그 여정 속에 벧엘이 있었던 것입니다. 돌베개를 베고 잠을 청한 야곱에게 하나님께서 사닥다리 환상을 보여주십니다. 야곱은 사닥다리 환상을 보면서 마침내 언약이 이루어져 그리스도로 말미암아 많은 인생들이 하나님 앞으로 나아가게 되는 영광스러운 모습에 압도되었습니다. 그러니까 벧엘은 하나님께서 계획하시고 준비하시고 명령하신 그 삶에 자신의 모든 것을 드린 사람과 하나님이 만난 장소입니다.

아모스가 통렬히 비판한 벧엘

그런데 아모스가 날을 세워 비판하는 벧엘은 어떻습니까? 완전히 정반대입니다. 자신들의 안락하고 평안한 삶, 그 삶을 유지하기 위해 저지른 수많은 죄, 그것을 용서받고 계속해서 그 삶의 정당성을 확보하는 도구로서 예배를 이용합니다. 이런 식의 예배는 드리면 드릴수록 그 영혼이 파괴되고 무너질 수밖에 없습니다. 이런 식의 예배는 진정성이 어떠하든, 그 횟수가 얼마가 되었든 상관없이 하나님 앞에서 그냥 가증한 죄입니다. 눈물의 기도도 헌금도 의미가 없고 정성도 다 헛것에 불과합니다. 바로 이런 자들을 향해 아모스 선지자가 "너희는 벧엘에 가서 범죄하라"고 그들의 삶을 통렬하게 꼬집은 것입니다.

우리는 하나님이 계시하시고 가르쳐주신 방식대로 하나님을 예배해야 합니다. 아모스 선지자는 우리에게 그것을 가르쳐줍니다. "너희가 영과 진리로 나를 예배했다면, 너희 삶의 현장에 언제나 존재하는 가난하고 연약한 자들을 돌보아라. 온 마음으로 내게 예배를 드렸다면 너희 옆에서 눈물과 탄식으로 살아가는 가난하고 연약한 자들의 손을 잡아주어라. 그것이 없다면 너희의 예배는 전부 다 정신 승리이고, 감상에 빠진 것이고, 영적인 마약 주입에 불과하다."

스스로 자신을 지켜낼 수 없는 이웃을 돌보는 일 없이, 벧엘로 와서 눈물과 정성과 헌금과 헌신을 약속하는 것은 예배가 아니라 자기의 욕망과 뜻대로 하나님을 조종해서 움직여보려고 하는 가증한 죄에 불과하다는 것, 이것이 아모스 선지자가 우리에게 던지는 경고의 메시지입니다.

고귀한 시간 낭비를 하라

마르바 던(Marva Dawn)이라는 유명한 여성 신학자가 쓴《고귀한 시간 낭비》(이레서원)라는 책이 있습니다.

"예배가 고귀한 시간 낭비임을 이해하는 것이 우리에게 유익한 것은 우리를 자유하게 하여 그리스도의 가난에 참여토록 하기 때문이다. 하나님은 자신의 아들을 세상에 보내사 종의 순종을 통해 자신을 비우고, 자신을 낮추어 평생 고난을 당하며, 우리를 대신하여 가장 참혹하게 죽게 하셨다. 하나님의 아들이 이 땅에 오신 것은 '세상의 문제를 세상이 이해할 수 있는 방법으로 풀기 위해서'가 아니었다. 이러한 하나님을 예배할 때, 우리는 힘이나 통제나 성취나 성공이 아니라 이웃 사랑에 시간을 낭비하는 능력과 겸손으로 우리를 옷 입히시는 성령의 능력 안에서 살게 된다."

우리는 예배에서 은혜받았다는 말을 자주 사용하고 그 표현에도 익숙합니다. 그런데 예배는 시간 낭비입니다. 다만 '고귀한' 시간 낭비입니다. 예배는 하나님의 언약 앞에, 그리스도의 순종 앞에 우리 자신을 온전히 내던지는 시간입니다. 결코 투자가 아닙니다. 예배 잘 드린다고 해서 팔자가 고쳐지거나 달라지지 않습니다. 부자는 여전히 부자이고, 가난한 사람은 여전히 가난합니다. 예배드린다고 그 현실이 달라지지 않습니다. 그런 차원에서 보자면 예배드려봐야 아무것도 달라지지 않는 이 예배는 시간 낭비입니다.

그러나 예배는 은혜받기 위해서도 아니요, 팔자를 고치기 위해서도 아니요, 평안과 안식을 얻기 위해서도 아닙니다. 무엇보다도 우리 마음에 소원을 이루어주는 어떤 결과를 만들어주는 수단도 아닙니다. 예배는 우리의 삶과 우리가 가진 모든 것을 하나님 앞에 내맡기겠다고 하는 결단이며, 나 중심으로 살던 내가 이웃을 향해 내 시간과 물질을 낭비하는 능력과 겸손을 우리 영혼 안에 새기는 결정적인 시간입니다.

우리의 삶에 이 열매가 나타나지 않는다면 우리가 드리는 예배는 지극히 이기적이고 추악한 종교 행위에 불과하다는 사실을 명심하십시오. 우리 자신에게는 별 도움이 될 것 없는 고귀한 시간 낭비인 이 예배에 집중하고 평생을 헌신할 수 있기를 바랍니다. 그 영혼 안에 자기 자신이 아닌, 다른 사람을 위해 살 수 있는 능력이 생겨날 것입니다.

하나님을 닮아가는 예배

보통 우리가 드리는 예배의 횟수, 하나님을 예배한 날들이 거의 비슷합니다. 어떤 분은 20년, 어떤 분은 30년, 길게는 50년까지, 우리는 평생을 하나님 앞에 시간을 드려 예배하고 기도합니다. 그런데 나타나는 삶의 열매는 다릅니다. 어떤 분들은 세월이 흐르면 흐를수록 자기애가 더 강화됩니다. 어떤 이는 계속해서 누군가를 비난하고 욕하고 사람을 조종하며 삽니다. 예수 믿은 세월이 축적되었는데 더 어그러지고 망가지는 사람이 있습니다. 그런데 그와 똑같은 예배의 현장에서 동일하게 하나님 앞에 예배드린 것밖에 없는데, 어떤 분은 이 세상이 흉내 낼 수 없는 그리스도의 사람으로 다른 사람을 섬기고 사랑하는 일에 자신의 온 마음을 쏟아붓는 사람으로 빚어집니다.

제 목회 여정을 떠올려보면 기억에 남는 분들이 계십니다. 이 원고를 쓰고 나서 제 아내에게도 한번 물어봤습니다. 그때 류 집사님이 생각났습니다. 이분이 말하는 걸 들어보면 사람들이 무시할 만한 투로 동네 언어로 말을 하고, 외모도 사람들이 보기에 무시할 만큼 키도 작고 얼굴도 까맣습니다. 많이 배우지도 못하셨습니다. 그런데 가난하고 힘든 사람이 있다고 하면 새벽기도가 끝나는 대로 음식을 만들어서 호박죽도 갖다놓고 김밥도 만들어서 대문에 걸어둡니다. 아이들을 불러서 용돈을 챙겨줍니다. 목회자들 뿐만 아니라 그 마을에서 이분의 보살핌과 섬김을 받지 않은 사람이 없었습니다. 세상은 이런 사람을 기억하지 않지만 저는 기억하고 싶습니다.

그런데 류 집사님은 그냥 하나님 앞에 예배드린 것밖에 없습니다. 배운 것도 없고 아는 것도 별로 없지만 하나님 앞에 예배드린 세월들이 쌓여서 이 세상 그 누구도 흉내 내거나 감당할 수 없는 사람, 자기가 아닌 다른 사람을 정성스럽게 섬기고 사랑하는 사람으로 빚어진 것입니다.

우리가 하나님 앞에 평생 드린 예배를 통하여 우리의 삶에 나타나는 실질적인 열매가 무엇입니까? 나보다 비천하고, 나보다 가난하고, 나보다 고통스럽고, 나보다 눈물이 많고, 탄식도 많은 그 누군가를, 가능한 모든 수단을 써서 그를 안아주고 섬기는 열매가 나타납니까? 만약 그렇지 않다면 우리는 평생 자신의 이기적인 욕망을 채우기 위한 수단으로 예배를 이용하고 있는 자들입니다. 캄캄한 우리 영혼의 눈이 떠지기를 원합니다.

그 이웃을 찾기 위해 아프리카까지 갈 필요는 없습니다. 우리 공동체와 우리 가족의 삶부터 조금만 더 구체적으로 살펴보시기를 바랍니다. 지금 누가 어디서 울고 있는지 좀 찾아보십시오. 그래서 한 사람이라도 마음에 품고 그를 위해 기도하고, 그의 삶에 필요하다고 느껴지는 것을 힘써 공급하는 가족이 될 수 있기를 바랍니다. 그 열매를 가지고 나와 영광의 하나님을 다 같이 또 예배하십시다. 예배하면 할수록 예배의 대상이신 하나님을 닮아가는 자가 되기를 소망합니다.

05

미쉬파트와 짜데카

암 5:1-17

정의를 쓴 쑥으로 바꾸며
공의를 땅에 던지는 자들아

곡소리 난다는 표현을 들어보셨습니까? 장례를 치를 때 상주와 조문객들이 내는 곡성(哭聲)을 통칭 곡소리라고 합니다. 장례식의 슬픔을 고조시키고 애통한 심정을 표현하기 위한 일종의 약속입니다. 성경에 나타나는 애가(哀歌)는 슬픈 일을 당한 사람들의 탄식과 한숨을 담은 노래를 의미하지만, 장례식에서 부르는 노래를 의미하기도 합니다.

고대 이스라엘에서는 장례식에 전문적으로 잘 우는 여인들을 고용하여 울게 하는 일들도 종종 있었다고 합니다. 본문 16절에서 이들을 '울음꾼'이라고 말합니다. 이런 사람들이 부르는 노래가 애가이기도 합니다. 당연한 이야기지만 애가는 장례식에서 부르고 축제나 결혼식에서는 축가를 불러야 합니다.

그런 의미에서 아모스 선지자가 던지는 애가는 의미심장합니다. 더 이상 누릴 것이 없을 만큼 풍요롭게 보였던 이스라엘에게 던지는 애가는 마치 결혼식장에서 장송곡을 부르는 것과 같은 충격을 줍니다. 주님의 날에 벧엘이나 길갈에서 애가를 부르며 나타나는 여인들을 한번 상상해보십시오. 이보다 더 황당한 일이 어디 있겠습니까? 이런 상상력으로 아모스의 애가를 살펴보도록 하겠습니다.

1 이스라엘 족속아 내가 너희에게 대하여 애가로 지은 이 말을 들으라 2 처녀 이스라엘이 엎드러졌음이여 다시 일어나지 못하리로다 자기 땅에 던지움이여 일으킬 자 없으리로다 3 주 여호와께서 이와 같이 말씀하시되 이스라엘 중에서 천 명이 행군해 나가던 성읍에는 백 명만 남고 백 명이 행군해 나가던 성읍에는 열 명만 남으리라 하셨느니라 암 5:1-3

아모스가 들어보라는 노래의 내용은 충격적입니다. 아모스는 이스라엘을 처녀라고 말합니다. 이스라엘이라는 이름의 이 처녀는 부모의 사랑과 보호 가운데 순결하게 자라왔습니다. 그런데 느닷없이 낯선 이방인들이 이 처녀를 겁탈하고 길거리에 내버립니다. 그것도 자기 땅에서 말입니다.

처녀란 아름다운 꽃을 피우기 직전의 상태입니다. 아모스가 이스라엘을 처녀에 비유하고 있는 이유는 무엇일까요? 마치 이스라엘이 정치적 경제적 풍요의 정점을 꽃피우려는 순간 이런 고통스러운 일이 벌어질 것을 강조하는 표현입니다. 또 3절은 이방 나라의 공격을 방어하기 위해 나간 군사들이 거의 전멸해버리는 장면입니다. 이것은 이스라엘의 국가적 영향력과 존재감이 급격히 줄어들게 될 것을 말하고 있습니다. 아모스는 애가를 부르며 이런 일들이 이스라엘 땅에서 벌어지게 될 것을 경고합니다. 그러면 혹시 이스라엘이 이 애가를 듣고 회개할 마음을 먹었을까요? 아마 그렇지 않았을 것입니다.

제사로 만날 수 없는 하나님

그러나 아모스는 전혀 회개할 생각이 없는 이스라엘에게 회개의 방법을 알려줍니다.

4 여호와께서 이스라엘 족속에게 이와 같이 말씀하시기를 너희는 나를 찾으라 그리하면 살리라 5 벧엘을 찾지 말며 길갈로 들어가지 말며 브엘세바로도 나아가지 말라 길갈은 반드시 사로잡히겠고 벧엘은 비참하게 될 것임이라 하셨나니 6 너희는 여호와를 찾으라 그리하면 살리라 그렇지 않으면 그가 불 같이 요셉의 집에 임하여 멸하시리니 벧엘에서 그 불들을 끌 자가 없으리라 암 5:4-6

그 방법이 무엇입니까? "나를 찾으라" 즉, 하나님을 찾으라는 것입니다. 그런데 그다음 표현이 의미심장합니다. 하나님을 찾는데 벧엘을 찾지 말고, 길갈로 들어가지 말고, 브엘세바로 나아가지도 말라고 경고합니다. 아모스는 이스라엘이 어떤 식으로 회개할지 이미 간파하고 있습니다. 그들이 하나님을 찾는다는 명분으로 분명히 또 제사드리러 갈 것을 알았습니다. 벧엘과 길갈은 이스라엘 최고의 제단이자 성소입니다. 브엘세바는 아브라함과 이삭과 야곱을 만나주셨던 또 하나의 성소입니다. 이 장소들의 공통점은 수많은 순례자들의 발길이 끊이지 않으며 쉼 없는 제사가 드려졌다는 것입니다.

"너희는 나를 찾으라." 그러나 제사드리는 것으로는 나를 찾을 수 없다고 말씀합니다. 그 장소, 그 제사들, 그 예배, 그 종교 행위를 통해서는 결단코 나를 만날 수 없다고 선언하십니다. 이것은 매우 의미심장한 발언입니다. 예배 그 자체는 하나님이 아닙니다. 오히려 우리의 중심을 장악하고 있는 열렬한 종교성이 우리가 하나님을 찾고 하나님을 인격적으로 만나는 것을 방해할 수 있다는 말씀입니다.

종교 중독, 종교 과잉의 문제

인생의 모든 문제를 예배를 통해 기도를 통해 해결받으라는 말씀을 들어보신 적이 있을 것입니다. 기승전 '예배', 기승전 '기도'입니다. 신자들 역시 인생의 어려움을 만나면 조건반사적으로 예배나 기도를 통해서 문제를 해결하려고 합니다. 예배와 기도 외에 다른 어떤 방법을 상상하거나 꿈꾸지 못합니다. 마치 종교 중독 과 같은 현상들이 나타나고 있습니다.

"목사님, 유학을 가야 합니까? 말아야 합니까?"
"목사님, 이 자매와 결혼을 해야 할까요? 말아야 할까요?"
"목사님, 이 직장에 들어가야 하나요? 말아야 하나요?"

여러분, 목사 역시 기도해도 모릅니다. 기도하면 하나님께서 어 떤 사람과 결혼해야 할지, 어떤 회사에 가야 할지 답을 주십니까? 하나님은 우리가 정상적인 사람으로 힘써 고민하고 어떤 선택을 하더라도 그 안에 은혜를 담아주시는 분이지, 이것저것 미주알고 주알 하나님께 물어보라고 요구하시는 분이 아닙니다. 또한 이런 사고방식은 지극히 자기중심적인 응답으로 귀결됩니다. 삶의 거 의 모든 일에 기도와 예배를 연관시키거나 동원하는 것은 믿음이 좋은 것이 아니라 병입니다. 기도라는 이름으로 투사된 우리의 욕 망, 기도로 위장된 간섭과 통제, 종교의 과잉 현상이 심각하게 나 타나고 있습니다.

종교의 과잉, 종교의 중독은 결국 한 사람 안에 있는 강력한 종 교심의 분출로 나타납니다. 자신이 하나님의 특별한 사랑을 받는 존재라든지, 남다른 계시와 은사를 받았다든지 하는 식의 현상이 반드시 나타납니다. 여기에는 두 부류가 있습니다. 하나는 현실적으로 아무런 영향력이 없는 사람들이 주변 사람들에게 억지 영향력을 끼치고 싶어 할 경우입니다. 당신을 위해 기도해보니 내게 이런 응답을 주셨다는 식으로 다른 사람의 인생에 영향을 끼치고 싶어 하는데, 그럴 때 주로 인간 심리의 연약한 부분을 건드립니다. 교묘한 방식으로 심리적 불안을 조성하고 자신만이 안정감을 줄 수 있는 것처럼 말하며, 하나님을 동원하여 겁을 줍니다. 놀라운 것은 이런 형태의 종교 중독과 확증 편향이 실제로 먹힌다는 것입니다.

다른 한 부류는 돈도 많고, 공부도 많이 했고, 사회적 인정도 받는 사람인데, 그중에 예언이나 기도, 예배를 강조하면서 누군가에게 조언할 경우 그가 가진 돈이나 사회적 영향력이 영적인 부분까지 영향을 끼쳐 거부하기 어렵다는 것입니다. 그러나 여러분, 어떤 사람들의 말에 여러분의 영혼을 맡기지 마십시오. 누가 그렇다더라, 어떤 목사, 어떤 권사가 그렇게 말하더라가 아니라 여러분이 하나님을 찾으십시오. 자신의 마음을 예수 그리스도에게 고정하지 못하는 것 역시 종교 중독에 빠진 것임을 두려운 마음으로 받아들이시기 바랍니다.

이렇게 교회에서 기도나 예배의 칼을 휘두르면 누구라도 꼼짝없이 당합니다. 모든 것이 기도와 예배로 치환되어 그것을 근거로 답하고, 그것에 매이도록 부추기는 것은 신실하게 주님을 섬기는 것이 아니라 종교 중독에 빠져 있는 객관적인 모습입니다. 어떤 고민과 아픔을 나누어도 결론이 기도로 끝나고 예배로 마무리되는 것이 어떻게 하나님을 제대로 알고 섬기는 행위가 될 수 있습니까. 이것은 좋은 신앙이 아니라 기도나 예배라는 믿음 체계를 통하여 고통스러운 내면의 문제나 현실을 인위적으로 통제하는 것입니다. 정직하고 용감하게 마주해야 할 삶의 문제나 내면의 진실로부터 계속 도망치기 위한 수단으로 기도와 예배를 이용하는 것밖에 되지 않는 모습입니다.

생텍쥐페리의 《어린 왕자》에 보면 어린 왕자가 술주정뱅이가 살고 있는 별에서 술주정뱅이에게 물었습니다.

"뭐하세요?"

"술을 마시지."

"술을 왜 마셔요?"

"잊기 위해서."

"무엇을 잊으려고요?"

"부끄러운 걸 잊어버리려고."

어린 왕자는 그 사람을 도와주고 싶어서 다시 물었습니다.

"뭐가 부끄러운데요?"

"술 마신다는 게 부끄러워!"

이것이 신앙의 원리 안에 똑같이 적용됩니다. 어떤 이야기를 해

도 기도와 예배로 끝나는 이 순환 논리에서 빠져나오십시오. 종교
행위나 종교적인 사람들, 종교적 매개물이 아니라 '하나님' 그분을
찾고 구하십시오. 하나님은 자기를 찾는 자들에게 반드시 자신을
드러내시기를 기뻐하십니다. '하나님을 아는 지식'을 추구하십시
오. 성경을 펴서 공부하십시오. 여러분 안에 이미 성령께서 진리를
깨달을 수 있는 신앙의 양심과 능력을 심어주셨다는 것을 기억하
시기 바랍니다.

미쉬파트와 짜데카

그렇다면 하나님을 찾는 진정한 길은 무엇입니까? 이스라엘은
도대체 무엇을 놓치고 있는 것일까요?

7 정의를 쑥으로 바꾸며 공의를 땅에 던지는 자들아 8 묘성과 삼
성을 만드시며 사망의 그늘을 아침으로 바꾸시고 낮을 어두운 밤으
로 바꾸시며 바닷물을 불러 지면에 쏟으시는 이를 찾으라 그의 이름
은 여호와시니라 9 그가 강한 자에게 갑자기 패망이 이르게 하신즉
그 패망이 산성에 미치느니라 10 무리가 성문에서 책망하는 자를 미
워하며 정직히 말하는 자를 싫어하는도다 11 너희가 힘없는 자를 밟
고 그에게서 밀의 부당한 세를 거두었은즉 너희가 비록 다듬은 돌로
집을 건축하였으나 거기 거주하지 못할 것이요 아름다운 포도원을

가꾸었으나 그 포도주를 마시지 못하리라 12 너희의 허물이 많고 죄악이 무거움을 내가 아노라 너희는 의인을 학대하며 뇌물을 받고 성문에서 가난한 자를 억울하게 하는 자로다 13 그러므로 이런 때에 지혜자가 잠잠하나니 이는 악한 때임이니라 암 5:7-13

한마디로 이스라엘에 정의와 공의가 무너졌다는 것입니다. "정의를 쓴 쑥으로 바꾸며 공의를 땅에 던지는 자들아"라는 표현이 이 모든 내용의 축약입니다. 여기서 우리는 먼저 정의와 공의의 개념을 정리할 필요가 있습니다. 히브리어 성경에는 '미쉬파트'와 '짜데카'가 관용구처럼 함께 쓰이는 것이 삼십 번 이상 나옵니다. 각각 쓰일 때도 있지만 분명히 함께 언급될 때는 두 개념이 동시에 그려내는 의미가 무엇인지를 알아야 합니다. 구약성경에서 말하는 미쉬파트와 짜데카를 정확히 구분해낼 수 있는 용어가 영어나 한글에 존재하지 않습니다. 성경 전체를 통틀어서 그 용법과 용례가 매우 다양하다는 것도 한몫합니다. 따라서 둘의 구분보다 중요한 것이 두 단어의 관계와 공통점입니다. 그래도 굳이 설명을 하자면 '미쉬파트'는 좀 더 법적인 차원, 징계나 교정의 차원, 공정하게 부여되는 권리 차원의 의미입니다. 인간을 공평하고 존엄하게 대해야 한다는 의미도 있습니다. 모든 인간에게 당연히 보호와 보살핌이 돌아가야 하지만 징벌과 교정도 존재해야 합니다.

'짜데카'는 우리의 삶에서 드러나는 관계의 측면, 사람과 사람의 관계를 바르게 하는 것을 말합니다. 특별히 짜데카의 출발은 하나님과의 올바른 관계 맺음에서 시작한다는 것을 주목해야 합니다. 구약성경 학자 알랭 모티어는 짜데카를 이렇게 정의하고 있습니다. "하나님과 올바른 관계를 맺고 있는 까닭에 삶에서 맞닥트리게 되는 모든 관계를 바로 잡는 일에 자연스럽게 헌신하는 것." 성경이 말하는 짜데카는 관계들에 관한 것이고, 필연적으로 사회적일 수밖에 없습니다. 특히 사회의 취약 계층, 성경에서 말하는 과부와 고아, 나그네, 가난한 이들을 보살피고 보호하라는 명령 안에 이 단어의 핵심이 담겨 있습니다. 그래서 최종적으로 이 단어를 정의하자면 가족과 사회적 관계를 공정하고 공평하고 관대하게 이끌어가는 일상적인 생활 양식과 기초적 정의를 말합니다.

그러니까 미쉬파트 즉, 정의는 '교정 정의', 곧 바르게 하기 위한 어떤 행동으로 나타나는 정의를 말하고, 짜데카 즉, 공의는 '기초 정의'로, 바른 관계가 맺어지기 위한 근본적인 의(義)의 속성을 말한다고 할 수 있습니다. 두 개념은 비슷하면서도 약간 다르고, 서로 보완되고, 영향을 끼치는 그런 관계입니다.

욥의 인생

내가 의를 옷으로 삼아 입었으며 나의 정의는 겉옷과 모자 같았느니

라 욥 29:14

여기서 앞의 '의'가 짜데카이고, 뒤에 '정의'가 미쉬파트입니다. 이 두 개념은 욥의 인생 여정에서 잘 드러납니다.

12 이는 부르짖는 빈민과 도와 줄 자 없는 고아를 내가 건졌음이라 13 망하게 된 자도 나를 위하여 복을 빌었으며 과부의 마음이 나로 말미암아 기뻐 노래하였느니라 14 내가 의를 옷으로 삼아 입었으며 나의 정의는 겉옷과 모자 같았느니라 15 나는 맹인의 눈도 되고 다리 저는 사람의 발도 되고 16 빈궁한 자의 아버지도 되며 내가 모르는 사람의 송사를 돌보아 주었으며 17 불의한 자의 턱뼈를 부수고 노획한 물건을 그 잇새에서 빼내었느니라 욥 29:12-17

전후 문맥을 보면 욥은 약한 자를 착취하는 현장에서 불의에 맞서는 행동을 했습니다. 오늘날로 하면 철거 현장이나 해고 노동자들과 함께하고, 갑질 피해자들 편에 서서 싸우는 행동입니다. 이런 것들이 미쉬파트입니다. 또한 욥은 짜데카의 삶을 살려고 노력합니다. 맹인의 눈이 되고 다리 저는 자의 발이 되며 빈궁한 자의 아버지도 되어줍니다. 오늘날로 하면 시간을 내서 독거노인이나 장애인들을 돕는 것입니다. 이것은 돈으로 하는 자선이나 구호 활동이 아닙니다. 욥은 곤궁한 이들의 삶에 깊이 개입하

미쉬파트와 짜데카

는 모습을 보여줍니다. 그들의 가족이 되고 그들과 함께 사는 것입니다.

조금 감이 오십니까? 그러니까 정의와 공의를 행하는 일은 불의에 침묵하지 않는 일, 잘못을 바로잡으며 부당하고 억울한 자들의 편에 서서 싸우는 일뿐만 아니라 가난하고 연약한 이들을 포용하여 그들과 함께 살아가는 것입니다. 이 두 가지는 신자와 교회가 가져야 할 중요한 윤리이자 성품입니다.

정의와 공의의 부재

아모스는 이스라엘이 찾아야 할 하나님이 바로 '정의와 공의의 하나님'이시며, 그들이 지금 회개하고 돌이켜야 할 지점 역시 바로 이 '정의와 공의의 부재(不在)'라는 것을 말합니다.

14 너희는 살려면 선을 구하고 악을 구하지 말지어다 만군의 하나님 여호와께서 너희의 말과 같이 너희와 함께 하시리라 15 너희는 악을 미워하고 선을 사랑하며 성문에서 정의를 세울지어다 만군의 하나님 여호와께서 혹시 요셉의 남은 자를 불쌍히 여기시리라 16 그러므로 주 만군의 하나님 여호와께서 이와 같이 말씀하시기를 사람이 모든 광장에서 울겠고 모든 거리에서 슬프도다 슬프도다 하겠으며 농부를 불러다가 애곡하게 하며 울음꾼을 불러다가 울게 할 것이며

17 모든 포도원에서도 울리니 이는 내가 너희 가운데로 지나갈 것임이라 여호와의 말씀이니라 암 5:14-17

이스라엘이 살기 위해서, 하나님을 되찾기 위해서는, 그들에게 임박한 심판에서 구원을 얻기 위해서는 오직 악을 미워하고 선을 사랑하며 성문에서 정의를 세워야 합니다. 16-17절 말씀과 같이 이미 돌이킬 수 없는 강을 건넌 이스라엘은 결국 심판을 맞이하게 될 것입니다. 그리고 서론에서 살펴봤던 애가는 이제 모든 사람들의 노래가 될 것입니다. 재미있는 장면은 17절에 "이는 내가 너희 가운데로 지나갈 것이라"라고 말씀하는 부분입니다. 이것은 분명히 유월절을 생각나게 합니다. 그렇습니다. 이스라엘 안에 정의와 공의가 심각한 수준으로 파괴되어 의인들과 예언자들의 목소리마저 묵살되는 이 때에 숨죽이며 끝까지 미쉬파트와 짜데카를 행하는 자들이 있다면 그들이 요셉의 '남은 자'(remnant)가 될 것입니다. 하나님께서 진노 중에라도 긍휼을 잊지 않으시고 은혜를 베푸시는 당사자가 되는 것입니다.

아모스는 생뚱맞은 곡소리에서 이것이 우리 모두의 애가가 되리라는 심판의 메시지를 생생하게 전달하고 있습니다. 종교의 과잉과 중독에 빠져 또다시 습관을 따라 벧엘로 가는 이스라엘을 붙잡아, 거기에는 하나님이 없다고 말합니다. 하나님은 오직 그들이 내동댕이친 정의와 공의 가운데 계신다는 것입니다. 다른 어떤 증거로 하나님의 백성임을 입증할 수 없습니다. 오직 악을 버리고 선을 사랑하며 공의를 바로 세워 하나님을 되찾고 그 하나님을 만나라고 호소합니다. 오직 그것만이 그들 안에 '남은 자'를 남겨두는 유일한 소망이 된다고 외치고 있습니다.

나 자신을 변화시키는 칭의의 은혜

6 내가 무엇을 가지고 여호와 앞에 나아가며 높으신 하나님께 경배할까 내가 번제물로 일 년 된 송아지를 가지고 그 앞에 나아갈까 7 여호와께서 천천의 숫양이나 만만의 강물 같은 기름을 기뻐하실까 내 허물을 위하여 내 맏아들을, 내 영혼의 죄로 말미암아 내 몸의 열매를 드릴까 8 사람아 주께서 선한 것이 무엇임을 네게 보이셨나니 여호와께서 네게 구하시는 것은 오직 정의를 행하며 인자를 사랑하며 겸손하게 네 하나님과 함께 행하는 것이 아니냐 미 6:6-8

아모스 선지자의 외침은 미가 선지자의 마음에도 그대로 잘 요약되어 있었습니다. 사람들은 대개 은혜의 말씀, 위로와 사랑의 메시지를 좋아합니다. 보수적인 신학이 지배하는 교회에서는 유독 예수 그리스도의 속죄 사역, 그리고 율법의 저주와 정죄에서 해방되어 의롭다 함을 받은 칭의의 은혜가 선포되는 것을 기뻐하니다. 그러나 한편에서는 이신칭의와 같은 전통적인 교리가 개인 구원만을 논해왔기 때문에 이 땅의 사회 정의를 구현할 수 없다는 반론을 제기합니다.

더 심각한 어조로 "은혜를 받으면 다냐?", "자신만 구원받으면 그만인가?", "이제 세상을 책임지는 자리로, 사회 구원을 외치며 나가야 하지 않느냐?" 그러면서 신학적 강조점과 그 방향을 점차 십자가의 구속에서 사회 참여 쪽으로 옮기려고 합니다. 심지어 사회 정의를 외치는 이들이 전통적 교리를 고리타분하고 구시대적인 것으로, 지극히 개인적이고 이기적인 복음으로 만들어놓습니다. 반면에 개인의 구원과 정의를 외치는 이들은 늘 '나부터 잘해야지', '나부터 은혜를 받아야지'를 외치며 부조리하고 불의한 사회와 시대 현상에 대해서 침묵합니다.

그렇지만 저는 이 두 주장이 서로 다른 이야기를 하고 있다고 생각하지 않습니다. 성경에 기록된 예수의 복음은 필연적으로 한 사람의 마음을 움직여 그의 삶을 변화시키고, 또한 세상에서 정의로운 삶을 살게 만듭니다. 저의 짧은 목회 경험에 비추어보더라도 전통적인 복음이 제대로 선포되었을 때 이 말씀에 전심으로 동의하고 기꺼이 자신의 삶을 드린 자들은 결단코 자신의 개인 구원에만 관심을 갖는 자리에 머물러 있지 않으며, 자기가 살고 있는 세상, 함께 살아가는 이웃들에게 더 많은 관심을 갖게 되는 모습을 저는 수없이 목격하고 확인했습니다. 그리스도의 영광스러운 복음을 통한 하나님의 은혜를 제대로 이해하고 체험하는 일과 공의를 추구하며 가난한 이들을 긍휼히 여기는 마음은 결코 분리될 수 없고, 분리되어서도 안 됩니다.

조나단 에드워즈(Jonathan Edwards, 1703-1758)의 《참된 미덕의 본질》(부흥과개혁사)에 이런 말이 나옵니다. "하나님을 가장 아름다운 분으로 여길 때 비로소 인간은 자기 자신에게서 벗어나 다른 이를 섬기는 일을 할 수 있다." 이것은 복음을 관통하는 문장입니다. 교회가 정의와 공의를 행하는 모습들, 세상을 돌보고 섬기는 실제적인 열매가 없다는 것은 그리스도의 복음을 제대로 이해하지 못했거나 종교 중독에 빠져 있으면서 자기 자신은 예수를 믿고 있다고 착각하거나 아예 복음을 알지 못하거나 믿지 않는 상태이기 때문입니다.

더 이상 자기를 위해 살지 않게 하는 칭의의 은혜

뉴욕 리디머교회를 개척하기 전에 팀 켈러(Tim Keller)는 버지니아 시골에서 약 10년을 목회했습니다. 팀 켈러는 이 두 교회가 모든 면에서 완전히 다르지만 딱 한 가지 똑같은 점이 있다고 말합니다. 그것은 하나님께서 우리가 마땅히 받아야 할 공의로운 심판을 거두시고 은혜로 값없이 구원하셨다는 고전적인 복음을 성도들에게 선포했을 때, 어느 교회가 됐든지 그 메시지에 깊이 감격

하는 성도들이 있었고, 그들은 하나같이 이웃과 사회에서 부당한 대접을 받는 이들에게 더 예민하게 반응했다는 것입니다. 그는 하나님의 은혜를 이해하고 체험하는 일과 공의를 추구하며 가난한 이들을 긍휼히 여기는 마음이 떼려야 뗄 수 없을 만큼 단단히 연결되어 있다고 말합니다.

사랑하는 여러분, 진정으로 복음을 깨달은 사람은 하나님의 공의가 요구될 때 그것이 단순히 윤리적이고 도덕적인 가르침으로 끝나지 않습니다. 듣기 거북한 설교 정도의 느낌이 아닙니다. 하나님의 공의를 제대로 보게 될 때, 우리는 그 아래서 심판받아 마땅한, 가장 추하고 더러운 존재라는 것을 깨닫게 됩니다. 우리의 존재가 이미 가장 악하며, 성경에서 일컫는 악인이 바로 나 자신이며, 죄인의 괴수가 바로 자기 자신이라는 것을 절감합니다.

무엇보다 짜데카의 기본이 되는 하나님과의 바른 관계가 와장창 깨진 존재가 자기 자신이라는 것을 복음 앞에서 철저히 인식하게 됩니다. 우리의 이런 실존을 뚫고 우리에게 아무 조건 없이 베풀어주신 예수님의 은혜, 이것이 위로부터 임한 칭의의 은혜이지 않습니까. 이 은혜를 경험하고 맛본 사람들만이 더 이상 자기를 위해 살지 않고 다른 사람들을 위해 살 수 있는 사람으로 변모되는 것입니다.

불신자들 가운데서도 도덕적 행실에 기반을 두고 살아가는 사람일수록 자신의 불의함에 대해 잘 알고 있습니다. 그런데 심지어 하나님의 공의 위에 우리 자신을 올려놓는다는 것은 상상할 수 없는 일입니다. 이런 우리에게 베풀어진 은혜, 이런 우리를 감싸시는 은혜가 칭의의 은혜입니다. 하나님의 공의와 진노의 자녀인 우리의 불의 사이를 메꾸는 것이 무엇입니까? 가장 의롭고 온전하신 예수께서 가장 무겁고 비참한 죽음을 맞이함으로써 우리에게 주어진 '하나님의 의' 아닙니까.

하나님의 영광과 기쁨을 위하여

조나단 에드워즈는 "성경을 통틀어 가난한 이들에게 베풀라는 말씀보다 더 강력한 어휘와 단호한 태도가 동원된 명령이 어디에 또 있는가?"라고 말합니다. 성경은 하나님의 성품이 무엇을 지향하고 있는지 알기 때문입니다. 하나님은 고아들의 아버지이시며, 과부들의 재판장이십니다. 끊임없는 긍휼과 공의를 베푸시는 분이십니다. 하나님은 대놓고 가난하고 비천한 자들, 연약한 자들의 편이 되시며, 그들의 보호자를 자처하십니다. 그것이 하나님의 성품입니다.

이것이 무엇을 의미합니까? 우리는 구원을 받은 존재이기 때문에 또 다른 요구나 윤리를 받드는 자들이 아닙니다. 하나님께서 "너희가 이제 구원을 받았으니까 이제 너희는 내 말대로 해야 한다"라고 하시는 게 아니에요. 하나님의 구원이 우리에게 부어졌고, 또 우리에게 부어지고 있습니다. 이제 우리의 전 존재는 하나님께서 행하시는 이 공의와 사랑의 행위가 우리를 통과하여 지속적으로 이 땅에 베풀어지도록 하는 매개체라는 말입니다. 성령의 도우심에 힘입어 그리스도께서 인류를 위해 어떤 일을 하셨는지 이해하고, 내 안에 어떤 일이 일어났는지를 이해하면, 우리는 반드시 공의로운 행동과 가난한 이들을 향한 긍휼이 넘치는 삶을 우리 삶의 가장 중요한 과제로 삼을 수밖에 없다는 것입니다.

좋은 평판, 칭찬, 사업적 이익, 체면, 이런 것들 때문에 가난한 자들을 섬기고 돌보고 미쉬파트와 짜데카의 삶을 구현하는 것이 아닙니다. 그저 하나님의 영광과 기쁨에 참여하게 위해서입니다. 그 사실이 우리 영혼에 가장 큰 만족과 행복을 주고, 존재의 목적을 부여하기 때문입니다. 가난한 사람들을 돕고 사랑하고 섬기는 삶이 우리 영혼에 기쁨과 영광과 보람으로 다가오지 않는다면 천국 갈 사람인지, 지옥 갈 사람인지 자신의 영혼을 진지하게 한 번 되돌아보십시오. 예배당에 앉아 있다고 다 구원받은 하나님의 백성이 되는 것이 아닙니다. 오늘 칭의의 은혜를 붙잡으시기 바랍니다. 진실로 우리 주 예수 그리스도의 복음을 이해하고 깨달아 영혼이 중생하고 회심하는 역사가 있기를 바랍니다.

저는 정의와 공의, 그 자체를 향해 달려가자고 말하는 것이 아닙니다. 그러면 그것은 반드시 어떤 식으로든지 교회를 분열시킬 것입니다. 우리가 복음의 본질을 붙들지 않으면 정의와 공의를 구현하는 외침은 허무맹랑한 교만과 자기 의를 양산해낼 뿐입니다. 그러나 우리가 칭의의 은혜를 사모하고 그것을 다시 이해하고 붙잡을 때 미쉬파트와 짜데카의 삶의 열매가 우리의 삶과 우리의 교회 안에 풍성하게 될 것입니다.

칭의의 은혜야말로 우리로 하여금 사회 정의가 구현되는 삶과 교회를 만들도록 한다는 것을 기억하십시오. 복음을 붙들지 않으면 교회에서 생명이 사라집니다. 교회가 존재 목적을 잃어버립니다. 사랑하는 여러분, 칭의의 은혜를 붙드시기 바랍니다.

06

내가 만든 신

암 5:18-27

오직 정의를 물같이,
공의를 마르지 않는 강같이
흐르게 할지어다

이스라엘은 예배와 기도라는 종교 행위에서 하나님을 찾고자 했지만 찾을 수 없었습니다. 이스라엘은 오직 정의와 공의를 바로 세우는 것으로만 하나님께 나아갈 수 있었습니다. 그런데 이스라엘이 보여주는 종교적 몸부림은 예배와 기도만이 아닙니다. 그들에게 자리 잡았던 심각한 사상이 하나 더 있었는데, 그것은 바로 '여호와의 날'에 대한 개념입니다.

18 화 있을진저 여호와의 날을 사모하는 자여 너희가 어찌하여 여호와의 날을 사모하느냐 그 날은 어둠이요 빛이 아니라 19 마치 사람이 사자를 피하다가 곰을 만나거나 혹은 집에 들어가서 손을 벽에 대었다가 뱀에게 물림 같도다 20 여호와의 날은 빛 없는 어둠이 아니며 빛남 없는 캄캄함이 아니냐 암 5:18–20

'여호와의 날'은 구약성경 12개의 소예언서를 하나로 묶어내는 아주 중요한 사상입니다. 이스라엘이 '여호와의 날'을 바라보는 관점과 예언자들이 바라보는 관점이 정반대였기 때문입니다. 당시 이스라엘은 '여호와의 날'을 승리와 영광 그리고 번영의 날로만 여겼습니다. 그러나 아모스를 비롯한 예언자들은 이 날을 '심판의 날'로 그리고 있습니다.

아모스는 본문에서도 '여호와의 날' 앞에 "화 있을진저"라고 심판의 어조를 분명히 합니다. 그리고 여호와의 날이 그들에게는 어둠이 될 것이라고 말합니다. 이 심판은 사자를 피해 도망가다가 곰을 만나거나 집안으로 들어가서 벽을 짚었는데 뱀에게 물리는 일과 같다고 합니다. 쓰레기차를 피해 안심하고 있는데 똥차를 만난 것입니다. 그들은 자신들을 즐겁게 하는 예배를 하나님께서도 기뻐 받으실 것이라고 확신했습니다. 무엇보다 그 예배가 하나님께 영광이 되고, 예배를 받으신 하나님께서 그들의 삶과 인생을 지켜주실 것이라고 확신했습니다. 그 예배와 기도에 대한 보상으로 '여호와의 날'에 그들을 축복하여 더 번영케 해주신다고 생각했을 것입니다. 그러나 그 실체는 무엇입니까? 그들의 예배와 기도가 '여호와의 날'을 '심판의 날'로 더 촉진하고 있다는 것입니다.

하나님의 때?

이런 식의 오해와 잘못은 비단 이스라엘만이 아닙니다. 이 시대를 사는 우리 역시 비슷한 개념을 가지고 있습니다. 바로 '하나님의 때'라는 개념입니다. 우리는 '하나님의 때'를 언제 사용합니까? 현재 자신의 고민과 아픔을 하나님이 언젠가 한 방에 해결해주실 날이 오지 않을까 하는 기대감을 가지고 기도하고 헌신하고 봉사할 때 사용합니다. '지금은 힘들지만 신실하게 신앙생활을 하다 보면 하나님의 때가 오겠지, 아니 오고야 말 것이다' 이런 생각입니다. 실제로 어떤 이들은 사업의 성공이나 인생의 성취를 하나님의 때가 자신의 삶에 임한 것으로 간주하여 그것을 간증합니다. 교회 안에서 자신의 객관적인 행실이나 하나님의 공의의 잣대로 보자면, 하나님의 진노의 막대기에 얻어맞을 만한 인간들이 하나님의 때를 운운하며 자기 인생이 멋지게 뒤집힐 날을 소망하고 사는 경우가 얼마나 많은지 모릅니다.

　더 큰 문제는 자기 인생을 너무 초라하게 느끼는 사람들이 교회 안에 많다는 것입니다. "왜 내 인생은 이 모양인가?" 이런 식의 사고를 가지고 있기 때문에, 자신은 나름 준비되어 있는데 자기 분야에서 쓰임 받지 못한다는 자의식을 가지고, 아직 기회가 오지 않았다는 생각을 가지는 것입니다. 그러나 정말 그렇습니까? 그런 막연한 기대는 신앙이 아니라 자기 연민일 뿐입니다. 이런 기대가 나쁘다는 것이 아닙니다. 그러나 그것은 예수 믿지 않는 사람들도 얼마든지 가지는 감정과 사고이고, 기독교 신앙과는 완전 별개의 문제입니다. 우리의 종교가 기독교이기 때문에 우리의 이런 감정을 하나님을 향해 투사하는 것뿐입니다.

하나님을 섬긴다는 것이 무엇인지 모르는 사람들은 이렇게 자신의 삶의 목표나 자기 마음의 소원에 기초하여 하나님을 찾고 하나님의 상(象)을 그리게 마련입니다. 여러분, 도대체 '하나님의 때'가 어디 있습니까? 성경 어디를 보고 하나님의 때라는 개념을 새겨 넣은 것입니까? 세상적인 표현으로 하자면 이것은 정신 승리에 해당하는 일입니다. 예수 믿는 우리에게 굳이 '때'가 있다면 우리가 그리스도이신 예수님을 우리 생애의 구주로 만난 그날입니다. 예수 안에 사는 자들은 인생이 이미 뒤집어졌고, 이렇게 사나 저렇게 사나 이미 복된 인생입니다. 세상적인 성공과 형통이라는 기준으로, 성경에 존재하지도 않는 '하나님의 때'라는 개념을 만들어놓고, 그 때가 빨리 임하도록 하나님 앞에 정성을 드리는 것을 예배와 기도라고 착각하는데, 속히 이런 생각에서 빠져나오십시오. 그것은 그냥 한풀이에 불과합니다.

구원의 날이 아니라 심판의 날인 이유

아모스는 분명하게 경고합니다. 종교에 빠진 것을 하나님에게 빠진 것으로 착각한 자들에게 여호와의 날이 심판의 날로 임할 것이라고 말입니다. 그렇다면 이스라엘에게 '여호와의 날'이 심판의 날이 되고 만 구체적인 이유는 무엇입니까?

21 내가 너희 절기들을 미워하여 멸시하며 너희 성회들을 기뻐하지 아니하나니 22 너희가 내게 번제나 소제를 드릴지라도 내가 받지 아니할 것이요 너희의 살진 희생의 화목제도 내가 돌아보지 아니하리라 23 네 노랫소리를 내 앞에서 그칠지어다 네 비파 소리도 내가 듣지 아니하리라 암 5:21-23

이 구절에 등장하는 절기, 성회, 번제, 소제, 화목제, 노래, 비파 소리 등. 이것은 이스라엘이 그들에게 주어진 날과 절기, 제사법을 모두 잘 지켰다는 것을 의미합니다. 당시 궁중 선지자들은 이런 열심 있는 종교생활이야말로 이스라엘이 풍요와 부유함을 누리는 근거라고 여겼습니다. 그러나 참된 종들의 생각은 달랐습니다. 이것은 아모스 선지자만의 이야기가 아닙니다. 호세아, 예레미야, 이사야, 미가 선지자가 모두 동일하게 전하는 메시지입니다.

여러분, 하나님께서 제사 제도를 제정하신 이유가 무엇입니까? 불의한 죄인이 스스로 속죄하고 하나님 앞에 나아가는 것이 도저히 불가능하기 때문 아닌가요? 그러므로 제사는 하나님과의 진정한 사귐과 관계의 회복을 도모하는 은혜의 수단입니다. 이 목적 외에 다른 어떤 목적을 위해서 하나님 앞에 예배하고 기도하는 것은 합당한 예배와 기도의 정신이 아닙니다. 그러나 이스라엘은 그 제사와 절기를 종교화해버렸습니다. 그 예배와 기도를 통해 일단은 자신들을 즐겁게 만들었고, 자신들의 삶을 안정적으로 유지하는 도구로 만들었고, 자신들의 삶에 하나님의 은혜와 능력을 담아내는 수단으로 사용했습니다. 바로 이것이 그들이 하나님의 심판의 대상이 된 결정적인 이유입니다.

복음의 원리에서 벗어난 예배를 멈춰라

그렇다면 대체 하나님 앞에 드리는 예배가 무엇이며 예배의 본질은 무엇입니까? 예배는 다음 세 가지가 반드시 성립되어야 합니다. 첫째, 하나님 앞에 죄인으로 서는 자기 인식과 회개가 있어야 합니다. 둘째, 십자가만이 하나님께 나아갈 수 있는 유일한 길이라는 분명한 인식이 있어야 합니다. 셋째, 그리하여 복음 안에 드러난 하나님의 은혜에 감사하고 그분을 높이는 것입니다. 이것이 예배입니다. 이 내용에는 종교 행위가 전혀 강조되지 않습니다. 자기를 즐겁게 하거나 하나님의 복을 인위적으로 이끌어내려고 하는 것이 없습니다.

그런데 우리는 예배를 우리의 목적을 위하고, 우리를 즐겁게 하는 엔터테인먼트로 전락시켰습니다. 수준급 오케스트라와 아름다운 합창과 중창들, 현란한 악기들과 세련된 전자음악으로 가득한 찬양, 온갖 미사여구로 종교적 헌신을 요구하는 말들과 헌금들, 대중들의 종교적 감성을 200퍼센트 충족시켜주는 교회 인테리어, 사람들의 감성을 채워주는 짜임새 있는 예배 콘티. 마치 이런 것들이 예배의 본질인 양 호도되는 것이 현실입니다.

그러나 정작 그 안에 하나님께 나아가는 길은 사라져버렸고, 성도들 역시 복음 자체에 무지해졌습니다. 예배가 무엇인지, 복음이 무엇인지 자신의 언어로 한번 설명해보라고 하면 제대로 말하는 사람이 없습니다. 주기도문, 십계명을 외우지 못해도 침례(세례)도 받고 집사, 권사, 장로가 됩니다. 이 시대 성도들의 '하나님을 아는 지식'이 바닥을 찍고 있습니다. 복음을 듣고 예배에 참여하는 자들의 교회 운영 방식, 교회 안에 퍼져 있는 세계관과 가치관, 신자들이 서로 교제하고 삶을 나누는 모든 방식이 복음의 원리와 상관이 없다는 것이 문제입니다.

우리가 예수님의 복음을 제대로 이해하고 하나님 앞에 기도하고 하나님을 예배하는 자들일까요? 아모스서 5장 21-23절을 유진 피터슨(Eugene Peterson) 목사님이 번역한 메시지 성경으로 읽어보십시오.

나는 너희 종교 행사들을 도저히 참을 수 없다. 너희 집회와 성회는 이제 신물이 난다. 너희가 벌이는 종교 프로젝트들, 너희가 내거는 허영에 찬 슬로건과 목표에 진절머리가 난다. 너희의 기금 모금 계획 홍보 활동과 이미지 연출도 지긋지긋하다. 너희 자아나 만족시키는 시끄러운 음악들은, 나는 이제 들을 만큼 들었다. 너희가 나를 향해 노래한 적이 언제더냐? 암 5:21-23 메시지

굉장히 신랄한 표현이지만 이 표현들 그대로 현대 교회가 장악되어 있다는 것에 동의하지 않을 수 없습니다. 그리스도의 영광스러운 복음에 기초하지 않는 예배가 판을 치고 있습니다. 이것을 당장 멈추어야 합니다.

하나님이 그냥 나를 알아주고 그냥 나를 사랑하신다는 복음

여러분, 이 사실을 반드시 기억하십시오. 종교는 외부에서 우리의 내면을 강요합니다. 그러니까 종교는 윤리와 도덕과 율법을 제시하고 그에 순종하면 신(神)의 사랑과 은총을 부어주겠다고 약속합니다. 이것이 세상 종교의 시스템입니다. 그러나 십자가에 나타난 속죄의 개념은 아무런 조건 없이 하나님께서 먼저 우리를 받아주신 것입니다. 예수님께서 우리를 위하여 자신을 내어주시고 우리의 의로움을 위해 죽음의 권세를 깨트리고 다시 살아나신 그 사실로 말미암아 우리가 하나님과 화평을 누리게 하셨습니다. 우리의 믿음의 결과로 하나님과의 화평를 누리는 것도 중요하지만, 그 화평을 위해 하나님께서 먼저 우리를 아무 조건 없이 사랑하셨다는 것이 참으로 복음입니다.

뜬금없는 이야기지만, 사랑해보셨습니까? 해보신 분들은 아시겠지만, 사랑은 그 사랑을 받는 쪽에 원인과 이유가 있는 것이 아니라 사랑을 하는 쪽에 원인과 이유가 있습니다. 이것이 사랑 안에 담긴 가장 중요한 공식입니다. 무슨 말입니까? 우리는 이성적이고 논리적인 이유, 합당한 근거 없이, 말도 안 되는 이유로 누군가를 사랑하는 일들이 비일비재하다는 말입니다. 어떤 이유로 남편을 사랑해서 선택했느냐고 자매들에게 물어보면 머리 넘기는 모습이 멋있어서, 길쭉한 손가락이 예뻐서, 등이 섹시해서, 어벙해 보이는데 왠지 순수한 것 같아서…. 여러분, 이 정도면 정신 나간 거 아닌가요? 저도 제 아내에게 물어보니 "불쌍해서"라고 합니다. 남자가 불쌍해서 그와 인생을 같이하기로 선택하면 그 여자의 인생은 눈물과 한숨이 끊이지 않습니다.

여러분은 하나님이 왜 여러분을 사랑하는지 그 이유를 알고 계십니까? 우리는 하나님의 사랑의 깊이와 넓이를 알 뿐이지, 하나님이 도대체 왜 나 같은 인간을 사랑하시는지 그 이유를 모릅니다. 우리가 우리를 알지 않습니까. 우리가 얼마나 더럽고 한심하고, 얼마나 악질적이고 못난 생각을 많이 하고 사는지 잘 압니다. 우리가 바로 그 지점에서 무너지는 것입니다. 하나님께서는 우리의 기준과 잣대, 자기 검열과 평가와 같은 것들을 완전히 부숴버립니다. 하나님이 이런 나를 사랑하신다니! 하나님은 눈먼 사랑을 하십니다. 나를 그냥 알아주셨다니! 이것이 기독교가 말하는 복음입니다.

우리는 무엇을 흘려보내고 있는가?

우리가 이 복음을 깨닫게 될 때 내면으로부터 진심으로 감화 되고, 이제는 나 또한 목숨을 걸고 그분을 사랑하는 자리에 서게 됩니다. 그리하여 우리 안에서부터 밖으로 이 사랑이 터져 나오 게 되는 것입니다. 하나님과의 관계 회복, 그 혁명적 회복이 다른 사람과의 관계 회복으로 자연스럽게 이어지는 것, 이것이 교회의 진정한 예배의 열매입니다. 아니, 그것이 예배입니다. 이 복음의 원리가 작동하지 않는다면 우리 교회도 종교 행위로 가득한 교회 입니다.

여러분, 예수 믿은 세월이 길어지면서 사람들과의 관계가 수월 해지고 있습니까? 스스로에게 한 번 물어보십시오. 아내와 남편 의 관계가 수월해졌습니까? 그 사람을 더 섬기고 싶은 마음이 심 령 가운데 흘러넘치고 있습니까? 사람들에 대한 긍휼과 연민이 심 령 안에서 자라나고 있습니까? 옛날에는 도저히 받아들이지 못했 던 누군가를 용납하고, 어떤 사람을 용서해보려고 몸부림치는 실 질적인 분투가 삶 가운데 나타나고 있습니까? '어떻게 저럴 수 있 지?', 한 사람을 바라보던 교만했던 시선이 어느새 낮아졌나요? '그래, 그럴 수 있어. 저 형편에서 저런 삶이 그를 관통했다면 그럴 수 있지', 이렇게 사람에 대한 이해의 깊이가 여러분 안에서 자라고 있습니까?

하나님을 진실로 만나고, 기도하고, 예배하는 자들의 삶에는 이런 열매가 나타날 수밖에 없습니다. 그것이 아니라면 우리의 기도와 예배는 종교화되어버린 것입니다. 하나님께서는 이런 교회의 현실을 새로운 흐름으로 뒤집기 원하십니다.

오직 정의를 물같이, 공의를 마르지 않는 강같이 흐르게 할지어다

암 5:24

하나님께서는 오직 정의와 공의가 물처럼 흐르기를 원하십니다. 하나님께서는 이스라엘의 더럽혀진 기도와 예배, '여호와의 날'에 대한 왜곡된 개념, 이런 것들로 단단하게 시스템화된 그들의 종교를 미쉬파트와 짜데카의 물살로 다 쓸어버리라고 말씀하십니다.

오늘날의 교회를 이 말씀에 비추어 이미지로 그려본다면 정의와 공의로 드리는 예배가 강물처럼 흘러가야 하는데, 각종 예배 행위와 교회 행사가 이를 전부 가로막고 있는 모습입니다. 잘 생각해 보십시오. 우리가 드리는 예배, 우리가 교회로 존재하는 것이 오늘 이 곳, 이 지역, 아니 우리 교회 안에 있는 가난하고 연약한 자들에게 어떤 실제적인 유익을 가져옵니까? 대체 우리가 무엇을 흘려보내고 있는지 점검해보아야 합니다. 하나님의 정의와 공의가 흐르도록 하십시오. 아니 최소한 막지는 마십시오. 하나님의 정의와 공의가 예배 행위와 종교 행사라는 댐이나 둑을 부수고, 교회

라는 울타리를 넘어 하수처럼 흐르도록 하는 것, 이것이 우리의 정
체성이 되어야 합니다.

자기를 위해 만든 신, 그리고 심판

25 이스라엘 족속아 너희가 사십 년 동안 광야에서 희생과 소제물을
내게 드렸느냐 26 너희가 너희 왕 식굿과 기윤과 너희 우상들과 너희
가 너희를 위하여 만든 신들의 별 형상을 지고 가리라 27 내가 너희
를 다메섹 밖으로 사로잡혀 가게 하리라 그의 이름이 만군의 하나님
이라 불리우는 여호와께서 말씀하셨느니라 암 5:25–27

25절에 나타나는 질문의 의도는 무엇입니까? 언뜻 보면 이스라
엘이 마치 광야 사십 년 동안에는 희생과 소제물을 드리지 않았던
것처럼 보이는데 그것은 사실이 아닙니다. 모세가 바로에게 사흘
쯤 광야로 나가 하나님께 제사를 드려야 한다고(출 8:27) 요청하
는 장면이 나오듯이 이스라엘은 광야에서도 분명히 제사를 드렸
습니다. 그러니까 이 질문의 의도를 이렇게 보아야 합니다. "너희
가 사십 년 동안 광야에서 드린 것이 단순히 희생과 소제물이 전
부냐?" 종교적인 형태로 나를 예배하는 것, 그것이 핵심이었는지
물으신다고 봐야 합니다. 이 부분은 예레미야서 7장 21-26절로

조금 더 분명하게 이해할 수 있습니다.

21 만군의 여호와 이스라엘의 하나님께서 이와 같이 말씀하시되 너희 희생제물과 번제물의 고기를 아울러 먹으라 22 사실은 내가 너희 조상들을 애굽 땅에서 인도하여 낸 날에 번제나 희생에 대하여 말하지 아니하며 명령하지 아니하고 23 오직 내가 이것을 그들에게 명령하여 이르기를 너희는 내 목소리를 들으라 그리하면 나는 너희 하나님이 되겠고 너희는 내 백성이 되리라 너희는 내가 명령한 모든 길로 걸어가라 그리하면 복을 받으리라 하였으나 24 그들이 순종하지 아니하며 귀를 기울이지도 아니하고 자신들의 악한 마음의 꾀와 완악한 대로 행하여 그 등을 내게로 돌리고 그 얼굴을 향하지 아니하였으며 25 너희 조상들이 애굽 땅에서 나온 날부터 오늘까지 내가 내 종 선지자들을 너희에게 보내되 끊임없이 보내었으나 26 너희가 나에게 순종하지 아니하며 귀를 기울이지 아니하고 목을 굳게 하여 너희 조상들보다 악을 더 행하였느니라 렘 7:21-26

본문을 자세히 보면 하나님이 명하신 것은 한마디로 "내 목소리를 들으라"는 것입니다. 하나님의 목소리에 귀를 기울이는 이들이 바로 하나님의 백성입니다. 이것을 회복하기 위해 하나님께서 선지자들을 부지런히 보내셨지만 이스라엘은 말을 듣지 않았습니다. '기도'와 '예배'와 '성전'이 그들 가운데 있기 때문에 자신들은 하나님 앞에 합당한 삶을 살고 있다고 생각하며 자신들의 삶을 그대로 유지했습니다. 그러나 제사 제도에 깃든 하나님의 명령은 하나님의 정의와 공의를 행하는 것입니다. 가난하고 힘없는 자들과 함께 나누어 고르게 하고, 낮은 자들의 삶으로 내려가 함께 기뻐하라는 것입니다. 그것이 "너희는 내 목소리를 들으라"고 하시는 메시지의 핵심입니다. 하나님과 이스라엘의 관계는 결코 희생과 소제물로 드려지는 제사에 있지 않으며 그들의 순종을 통해 결판이 난다는 것입니다.

그런데 이스라엘은 왜 광야의 하나님을 잊고, 순종을 잊고, 그토록 제사나 제의에 목을 매는 것일까요? 왜 그렇게 기도하고 예배하면 할수록 하나님과 멀어지고, 인격적으로도 더 틀어지는 백성이 되고 말았을까요? 그것은 바로 이스라엘이 그들 자신이 만든 신을 참된 하나님으로 생각하고 끊임없이 거기에 기도하고 예배했기 때문입니다. 예배하는 자들은 예배의 대상을 닮을 수밖에 없습니다. 조용필 팬들은 조용필을 닮고, 이선희 팬들은 이선희를 닮고, BTS 팬들은 BTS를 닮게 되어 있습니다. 참된 하나님을 예배하는 자들은 참된 하나님을 닮아 그분이 열심을 내는 일에 심령이 변화됩니다. 참된 하나님을 예배하면 우리 마음에 사람들에 대한 연민과 긍휼, 하나님의 미쉬파트와 짜데카가 자라날 수밖에 없습니다.

이스라엘 백성들이 기도하고 예배하면 할수록 그들의 인격이 어그러지고 그들의 삶이 엉망진창이 되었던 것은 그들이 참된 하나님을 예배하지 않았기 때문입니다. 무언가 단단히 틀어졌습니다. 그들의 종교 의식, 제사에는 문제가 없었습니다. 표면적으로는 말입니다. 그러나 그들 안에 깃든 신앙은 병이 들었습니다.

> 너희가 너희 왕 식굿과 기윤과 너희 우상들과 너희가 너희를 위하여 만든 신들의 별 형상을 지고 가리라 암 5:26

'식굿과 기윤'은 메소포타미아 지역의 이방신을 말합니다. 이스라엘은 종교 축제일이 되면 식굿과 기윤이라는 우상의 형상을 들고 행진했습니다. 이미 그들에게 이런 형상물은 아무 문제가 되지 않았고, 오히려 그들의 종교심을 부추겼습니다. 이스라엘에게는 마치 그것이 하늘의 신과 하나님을 상징하는 것과 같았지만, 하나님은 그것을 지독하게 혐오하셨습니다. 왜냐하면 그것은 "너희가 너희를 위하여 만든 신들"이기 때문이라고 하십니다. 광야의 금송아지부터 식굿과 기윤에 이르기까지 이스라엘은 끊임없이 '자기를 위한 신'을 만들어내고 있으며, 그 우상의 형상이 의미하는 바는 바로 그들이 원하는 신, 그들이 바라는 하나님, 그들의 관점에서 바라보는 하나님이었습니다. 전부 다 가짜 신입니다.

가장 강력한 우상을 섬기고 있는가?

오늘날 우리의 신앙에도 이런 식굿과 기윤이 많습니다. 열심히 하나님을 섬긴다고 하지만 '자기 배'를 하나님으로 섬기는 자들이 지천입니다. 오늘날의 교회는 과연 이런 우상들에서 자유할까요? 《팀 켈러의 내가 만든 신》(두란노)에서 팀 켈러는 우상에 대한 정의를 이렇게 내리고 있습니다. "우상은 하나님보다 더 크게 마음과 생각을 차지하는 것. 하나님만 주실 수 있는 것을 다른 데서 얻으려 하는 것이다." 정확한 지적입니다. 우리의 신앙은 과연 하나님 그분 자체를 목적으로 합니까? 오늘날의 신자들은 과연 하나님 백성 됨의 존재와 정체성을 어디에 두고 있을까요? 과연 하나님의 말씀에 순종하는 것에 있다고 생각할까요? 결단코 그렇지 않습니다. 어쩌면 우리가 수많은 우상을 만들어내고 그것을 이름하여 '하나님'이라고 발음하는 것은 아닙니까? 우리의 가장 강력한 우상은 무엇일까요?

우상이라고 하면 우리는 대개 하나님과 동떨어진 형상을 떠올립니다. 아론을 부추겨 만든 금송아지, 식굿과 기윤처럼 이방 신의 형태를 떠올립니다. 대개 사탄과 악마가 흉측하고 괴상한 동물의 형상일 거라고 생각합니다. 결코 그렇지 않습니다. 오히려 우상은 환하고 매력적인 얼굴로 우리를 찾아온다는 사실을 기억하십시오. 언뜻 보기에 좋은 것들, 우리가 본능적으로 사랑하고 좋아하는 것들이 우상입니다. 한마디로 "보암직도 하고 먹음직도

해" 보이는 모든 것이 우상입니다.

　화들짝 놀랄 만한 우상들에 어떤 것이 있을까요? 우리가 다 아는 것처럼 돈, 섹스, 권력, 이것들만이 우상이 아닙니다. 진짜 우상은 이 세상 누구보다 우리 가족이 소중하다는 가족 중심적 사고, 어떤 이의 가슴도 녹여낼 만한 로맨틱하고 아름다운 사랑, 오늘날 한국 사회로 보자면 국가에 대한 진심 어린 충성심, 건강을 가장 중요하게 여기는 것, 성실과 의무를 다해 살아온 자신의 삶 같은 것들도 모두 우상이 될 수 있습니다.

　그런데 이 모든 것들을 넘어 우리 모두를 사로잡는 공통된 우상이 있습니다. 우리 눈에 잘 보이지 않지만 하나님을 정면으로 도전하는 우상입니다. 놀라지 마십시오. 그것은 바로 '자기 삶에 대한 통제권'입니다. 자기가 자신의 삶을 계획한 대로, 원하는 대로 끌고 가려는 것, 자신이 그 위치에 서려고 끊임없이 발버둥 치는 것이 사실 가장 큰 우상입니다. 우리는 자기 삶에 대한 통제권을 얻기 위해서 가족도, 돈도, 어떤 가치나 철학도, 심지어 하나님도 동원합니다. 자기가 원하는 대로 살고 싶어서 거기에 하나님을 동원한다는 말입니다.

21 하나님을 알되 하나님을 영화롭게도 아니하며 감사하지도 아니하고 오히려 그 생각이 허망하여지며 미련한 마음이 어두워졌나니 22 스스로 지혜 있다 하나 어리석게 되어 23 썩어지지 아니하는 하나

님의 영광을 썩어질 사람과 새와 짐승과 기어다니는 동물 모양의 우상으로 바꾸었느니라 24 그러므로 하나님께서 그들을 마음의 정욕대로 더러움에 내버려 두사 그들의 몸을 서로 욕되게 하셨으니

롬 1:21-24

성경은 분명히 자기 자신을 신뢰하고 자기 지혜를 의존했기 때문에 그 결과 우리가 우상을 섬기고 있다고 말합니다. 24절이 핵심입니다. "그러므로 하나님께서 그들을 마음의 정욕대로 더러움에 내버려두사", 이것이 킬링 포인트입니다. 우상을 섬기는 자들에게 주시는 하나님의 최고의 형벌은 내버려두는 것입니다. 그러니까 어쩌면 우리가 우리 자신의 강렬한 갈망을 통하여 우리의 절실한 꿈과 소원을 이루도록 하나님께서 내버려두고 허용하시는 것이 우리를 향한 가장 큰 벌이라는 무서운 말입니다.

간절히 기도하면 그것이 이루어지는 경험들을 하시지요? 삶 가운데 몇 번이나 있었습니까? 사실은 하나님께서 응답해주시는 것이 아닙니다. 간절히 기도했으니 간절히 기도한 내용을 이루기 위해 우리가 온갖 수단과 방법을 다 동원해서 그것을 현실화시킨 것입니다. 우리가 그것을 기도의 응답이라고 말합니다. 오늘 우리의 삶이 존재하기 위하여 누군가는 피눈물을 흘렸다는 사실을 생각해보셨습니까? 우리가 누군가에게 끊임없는 시련과 고통을 안기면서 오늘의 삶을 누리고 있다는 생각은 안 해보셨습니까? 그것

을 단순히 하나님께서 내 기도에 응답하셨고, 내 삶에 복을 주셨다고 과연 말할 수 있습니까? 우리가 이런 식으로 기도하고, 이런 식으로 삶의 문제들을 해결하면 할수록 그것이 더 강력한 우상을 세우는 것임을 잊지 마십시오.

내버려두심 vs 내버려두지 않으심

지금 자기를 위한 신을 만들어놓고 거기에 자신의 정성과 열심을 쏟아 붓고 있지 않은지 생각해보십시오. 여러분, 반드시 기억하고 아프지만 가슴에 새기십시오. 하나님께서 우리 인생에 개입하고 일하신다는 가장 강력한 은혜의 증거는 우리 인생이 우리 뜻대로 되지 않는 것입니다. 실패하는 것이고 좌절하게 되는 것입니다. 이것이 우리 인생에 부어주시는 가장 놀라운 은혜입니다. 우리가 하나님의 자녀라면 하나님은 우리를 그냥 내버려두지 않습니다. 우리가 거듭난 하나님의 백성이지만, 우리 안에 여전히 죄된 욕망이 우글거립니다. 우리 안에 한 덩어리 우상을 가지고 나와 예배드리고 있는 자들입니다. 우리가 이런 욕망을 가득 안고 우리가 원하는 대로 살도록 허락하시는 것은 벌이지 하나님의 은총과 은혜가 아닙니다. 하나님은 우리의 전 생애를 통하여 우리 안에 자리 잡고 있는 우상을 깨부수시는 분입니다. 우리의 생각과 갈망대로 우상을 세우는 것을 결코 두고 보지 않으십니다.

지금까지 살아온 자신의 인생이 매번 실패한 것 같아 개운치 않으십니까? 인생이 뜻대로 풀리지 않습니까? 그러나 그것이 바로 하나님이 개입하신 가장 강력한 증거입니다. 하나님의 은혜의 강력한 흔적입니다. 저도 제 인생이 제 뜻대로 풀리지 않았습니다. 개척을 하고 교회를 세워가면서 사람들이 적지 않게 모여들었습니다. 요즘 목회 환경에서 보면 제법 선방한 목회를 한 셈입니다. 그런데 요즘 제가 답답합니다. 개척 초기보다 행복하지 않습니다. 왜 행복하지 않은지 따져보니 이유는 한 가지입니다. 개척 초창기에는 제가 하고 싶은 대로 하고, 제가 말하는 대로 사람들이 다 따라줬습니다. 그런데 지금은 사람이 많아지면서 의견이 다양하고, 또 어떤 분들은 제 마음에 들지 않는 주장들을 너무 많이 합니다. 그러니까 목회가 제 뜻대로 되지 않아요. 그러니까 행복하지 않습니다.

그런데 이것이 하나님께서 제게 베푸시는 은혜입니다. 교회에 사람들이 많이 모여들었는데 제가 무슨 말을 하면 "목사님이 맞습니다. 우리가 다 순종하고 그 길을 가겠습니다" 하면 우리 교회는 망하는 것입니다. 누군가에 의해 제 주장에 브레이크가 걸리고, 다른 주장들이 쏟아지면서 제 마음을 다치고, 그런 과정들을 통해 제 안에 이 목회를 통하여 이루고 싶어 하는 제 환상들, 제 우상들이 산산이 부서지는 것이 하나님께서 제 삶 가운데 베푸시는 놀라운 은혜입니다.

너무 탄탄하고 아무 문제가 없는 삶을 단단히 떠받치는 것이 어느 것 하나 손색이 없는 이스라엘의 종교 시스템이었습니다. 하나님께서는 이러한 이스라엘의 종교 시스템을 정의와 공의의 물살로 쓸어버리기를 원하십니다. 이 시대에 '기독교'라고 하는 종교 시스템 안에 안착하여 예배드리고 기도하는 자리가 아닌, 그 안에 자리 잡은 수많은 우상들을 두고 보지 않겠다는 심정으로, 돌멩이라도 던져서 금이라도 가게 하고, 그래서 거대한 종교 시스템을 무너뜨리고 부서뜨려서 하나님의 정의와 공의가 하수처럼 이 땅에 흐르는 그 날을 보도록 교회를 세우는 결단들이 있기를 소망합니다.

　여러분, '내 교회', '우리 교회'라는 우상에서 벗어납시다. 우리 교회가 잘 되고, 우리 교회가 안전하고, 우리 교회가 건강하고, 우리 교회가 화목하기를 바라는 그 정도에서 벗어납시다. 하나님의 정의와 공의에 사로잡혀 하나님의 요구와 요청 앞에 순종으로 엎드립시다. 그것이 우리의 살길입니다. 그것이 우리 안에 내재된 우상의 종교를 부술 수 있는 유일한 길입니다.

내가 만든 신

07

허무한 것을 자랑하는 것들

암 6:1~14

이스라엘 족속아
내가 한 나라를 일으켜 너희를 치리니
그들이 하맛 어귀에서부터 아라바 시내까지
너희를 학대하리라

우리는 우상을 하나님으로 섬기는 신앙의 문제를 짚고 확인했습니다. 우리도 우상의 이미지를 하나님께 투사하며 예배와 기도의 자리에 나와 있는 것은 아닌지 점검해야 합니다. 우리 안에 내재된 우상을 파괴할 수 있는 유일한 길은 우리 인생과 우리 교회의 주도권을 하나님께 드리고, 하나님의 요구대로 우리 삶에 정의와 공의가 하수같이 흐르게 하는 것입니다. 우리가 그 삶을 추구하지 않으면 우리도 우상을 하나님으로 섬기는 삶의 패턴에서 빠져나오지 못합니다. 아모스 선지자는 이 본문에서 우상에게 사로잡힌 자들의 마음에 나타나는 구체적인 증상을 지적하고 있습니다.

1 화 있을진저 시온에서 교만한 자와 사마리아 산에서 마음이 든든한 자 곧 백성들의 머리인 지도자들이여 이스라엘 집이 그들을 따르는도다 2 너희는 갈레로 건너가 보고 거기에서 큰 하맛으로 가고 또 블레셋 사람의 가드로 내려가라 너희가 이 나라들보다 나으냐 그 영토가 너희 영토보다 넓으냐 암 6:1-2

1절은 지난 본문과 마찬가지로 "화 있을진저"로 시작합니다. 시온은 남유다의 수도 예루살렘을 의미하고, 사마리아는 북이스라엘의 수도입니다. 아모스 선지자가 비록 북왕국 이스라엘에서 하나님의 말씀을 선포하고 있지만 지금 이 메시지는 이스라엘 전체를 향해 던지고 있는 것 같습니다. 아모스는 이스라엘 지도자들의 마음 상태가 교만하고 마음이 든든하다고 합니다. 마음이 든든하다는 것은 자신이 구축한 삶의 안전망을 믿고 자기 미래에 대해 낙관하고 있는 자신감 넘치는 모습입니다.

아모스는 이런 이스라엘을 향해 2절에서 약간 애매한 표현으로 경고의 메시지를 던집니다. 2절의 갈레와 하맛 그리고 가드는 이스라엘 주변의 강대한 도시국가들입니다. 그런데 아모스가 이스라엘에게 "그 나라들이 너희보다 나은지, 그들의 영토가 너희보다 넓은지" 질문하고 있습니다. 여기에 대해서는 해석이 두 가지인데, 하나는 "이 나라들이 모두 강성했으나 지금은 폐허가 된 것을 보라. 너희도 경각심을 가져라"입니다. 그런데 아모스 당시 이 도시들이 모두 망했는지 역사적으로 고증해볼 때 확실한 증거가 없습니다. 좀 더 신뢰가 가는 해석은 "갈레, 하맛, 가드로 가서 그 나라의 형편을 봐라. 어떤 곳도 이스라엘이나 유다보다 큰 나라가 없다"라는 것입니다. 쉽게 말해서 "너희들의 부요함을 아무도 따라올 수 없다. 그러나 너희는 그런 현실에 붙잡혀 하나님과 사람 앞에서 교만한 것도 타의 추종을 불허할 정도로 일등이다"라는 풍자적 표현입니다.

숨쉬듯 죽음을 생각하라

아모스는 3-6절에서 이스라엘의 부와 풍요가 그들 자신의 죄를 보지 못하게 하고 있음을 신랄하게 꼬집고 있습니다.

3 너희는 흉한 날이 멀다 하여 포악한 자리로 가까워지게 하고 4 상아 상에 누우며 침상에서 기지개 켜며 양 떼에서 어린 양과 우리에서 송아지를 잡아서 먹고 5 비파 소리에 맞추어 노래를 지절거리며 다윗처럼 자기를 위하여 악기를 제조하며 6 대접으로 포도주를 마시며 귀한 기름을 몸에 바르면서 요셉의 환난에 대하여는 근심하지 아니하는 자로다 암 6:3-6

의미가 분명하지 않은 3절은 "멀다 하여"의 번역이 핵심입니다. 이 부분을 직역하면, "재앙의 날을 생각 저편으로 밀쳐두다"입니다. 그리고 "포악한 자리로 가까워진다"는 표현을 좀 더 구체적으로 설명하면 폭력의 죄를 더 저지르는 자리로 이해할 수 있을 것 같습니다. 이 두 가지를 반영해서 다시 번역한다면, "너희는 흉한 날, 즉 재난이 닥쳐올 것은 생각하지 않고, 오히려 폭력의 날을 가까이 불러들이고 있다" 이런 뜻입니다. 자신들이 당할 재앙의 날은 고려하지 않고, 오히려 재앙을 재촉하는 죄를 짓는다는 것입니다.

그런데 이 문장은 의미 파악으로 끝내버리면 안 됩니다. 자신들이 맞이하게 될 심판을 생각하지 않는 자들의 삶은 반드시 방종과 방탕으로 흘러갈 수밖에 없습니다. 그런 삶이 다른 누군가의 삶에 피해와 아픔을 가할 수밖에 없다는 문자적인 의미를 넘어서 어떤 논리적인 결론이 이 문장 안에 담겨 있습니다. 여러분, 우리가 겸손히 하나님을 섬기고 사람들을 사랑하는 자리로 가게 하는 힘은 어디서 나옵니까? 우리를 겸비하게 하고, 우리의 삶을 되돌아보도록 만드는 것은 죽음에 대한 묵상이며 하나님 앞에 서게 되는 날을 진지하게 생각하는 삶입니다.

우리의 마지막, 우리의 죽음, 우리의 심판에 대한 생각이 희미해지거나 우리 마음에서 사라질 때, 우리는 본능대로 살 수밖에 없는 완악한 죄인들입니다. 여러분, 자신의 죽음에 대해 하루에 한 번씩 묵상하십시오. 우리가 매일 우리 자신의 죽음을 진지하게 묵상하지 않는다면 우리는 세상을 사랑하게 되고, 게으름을 피우게 되고, 세상 고민으로 자신의 인생을 다 소비할 수밖에 없습니다.

예루살렘의 헤시키우스(Hesychius of Jerusalem)는 죽음에 대하여 이런 권면을 남겼습니다.

"가능하다면 항상 죽음을 생각하십시오. 죽음을 생각하면 모든 염

려와 허영심을 몰아낼 수 있고, 정신을 지키며 항상 기도하고, 육체에 대한 애착을 버리고 죄를 미워하게 됩니다. 실질적으로 모든 활기차고 활동적인 덕이 그것에서 생겨납니다. 그러므로 가능하다면 호흡을 하듯이 항상 죽음을 생각하십시오."

탐욕의 죄

이스라엘은 그들의 삶에 무엇이 기다리고 있는지, 그 삶이 필연적으로 무엇을 만들어내는지에 대한 감각이 전부 죽어버렸습니다. 그렇다면 재앙을 재촉하는 이들의 구체적인 죄는 무엇입니까? 그 죄를 한마디로 말하면 '탐욕'입니다. 4절을 보면 상아로 만든 침대에서 자고, 양 떼와 소 떼 중에서 고르고 고른 극상품의 고기를 잡아먹습니다. 천날만날 고기를 먹는 일은 굉장히 희귀하고 최고의 부자들만 가능한 일입니다. 그리고 비파 소리에 맞춰 노래를 부릅니다. 게다가 다윗이나 된 것처럼 악기까지 만들어서 다윗의 삶을 흉내냅니다. 포도주도 작은 잔에 마시지 않고 큰 대접에 따라 마시며, 가장 좋다는 향유를 몸에 바릅니다.

이들의 행위를 한 번 잘 보십시오. 어찌 보면 자기가 번 돈으로 자기가 먹고, 마시고, 즐기며 몸에 바르고 있습니다. 뭐가 문제입니까? 오늘날로 하면 "내 돈 벌어 내가 쓰겠다는데 누가 뭐래?"라고 하는 것입니다. 그러나 이들이 먹는 고기, 홍겨워하는 악기들,

그리고 포도주와 향유 등은 모두 하나님을 예배하고 제사하는 데 사용되는 것들입니다. 특별히 포도주를 따라 마시는 대접이라는 단어, '미즈라크'는 구약성경에서 제사에 사용된다는 것을 고려할 때, 이것은 단순히 부유한 자들의 방탕과 낭비벽만 지적하고 있지 않다는 것을 알 수 있습니다. 그들의 신앙적 무관심과 불경건성이 그들의 탐욕과 직결되어 있음을 보여주는 장면입니다. 이스라엘 백성들이 하나님 앞에 드렸던 그 제사가 그들의 탐욕적인 삶과 밀접하게 관련되어 있다는 것입니다.

우리가 주일에 교회에 와서 설교자의 설교를 듣는데도 일상의 삶을 추구하는 방식이 사치와 방탕으로 흘러간다면 그런 삶의 근거와 이유는 목회자의 설교에 있습니다. 설교를 들었지만 자신이 그런 삶을 살아도 괜찮다고 확신했기 때문에 계속해서 그런 삶을 사는 것 아닙니까? 설교자의 설교를 듣고도 부동산 투기에 열심을 내고, 끊임없이 돈을 모으는 데 정신이 팔려 있고, 오늘 하루 무엇을 먹고 즐길지 골몰하는 삶으로 흘러가고 있다면 강단에서 하나님의 말씀을 잘못 선포했거나 하나님의 말씀을 잘못 이해해서 그것을 자신의 삶에 적용하기 때문일 것입니다. 이스라엘 백성들의 이런 탐욕적인 삶의 열매는 그들의 예배가 왜곡되고 망가져 있었기 때문에 나타나는 결과입니다.

게다가 그 탐욕이 어디까지 이어집니까? 6절 마지막에 보면 그들은 탐욕과 향락에 빠져 있으면서도 "요셉의 환난에 대하여는 근심하지 아니하는 자"라고 합니다. 여기서 말하는 '환난'이라는 단어의 기본적인 의미는 "부수다"입니다. 그러니까 이 환난은 "깨진 인생", "부서진 삶"을 의미합니다. 이스라엘은 부요와 풍요로 자신들의 삶을 채우면서도 삶이 어그러지고 깨진 이웃들, 가난하고 소외된 자들에 대해서는 소름이 끼칠 만큼 냉정했습니다. 아모스는 이들의 이 무관심을 가리켜 재앙을 불러오는 폭력이라고 말하는 것입니다. 결론적으로 아모스는 이스라엘의 태평함과 평화로움을, 삶이 깨지고 망가진 요셉의 환난당한 자들의 삶과 대조하면서 그들이 누리는 풍요와 안락이 얼마나 심각한 죄인지 지적하는 것입니다.

무관심과 외면의 죄

오늘날 신자들도 똑같습니다. 한국 교회는 물질적 풍요를 하나님의 은혜와 복으로 고백하고 간증하는 일은 많지만, 그 물질이 응당 가난하고 소외된 자들에게 흘러가지 않을 때 그것이 심판의 근거가 된다고 생각하는 이들은 별로 없습니다. 이것이 서글픈 우리 시대 신자들의 영적 상태입니다. 아모스는 만약 이스라엘이 하나님 앞에 신실했다면, 하나님을 향한 예배에 진정성이 있었다면, 그들이 당연히 하나님의 공의를 행하는 자리에 섰을 것이라고 지적합니다. 그렇지 못할 때 이스라엘은 무시무시한 탐욕의 구렁

텅이에서 헤어나오지 못할 것이고, 그것은 곧 심판으로 이어질 것입니다.

제가 이런 말씀을 드리면, 제법 부유하게 사는 신자들이 이제부터 검소하게 살아야겠다고 적용을 해버리는데 여러분, 그것은 유교이지 기독교가 아닙니다. 부자는 부자답게 살아야 합니다. 잘 사는데 거지처럼 먹고 입는 것은 바보입니다. 부자더러 검소하게 살라는 말이 아니라 이웃의 환난을 돌보며 살라는 것입니다. 내 이웃의 삶은 붕괴되었고 처참한 현실로 내몰렸는데도, 그들을 향한 눈물이 메말라버렸거나 아예 관심이 없거나 그들을 향한 마음에 근심조차 없다면 그 신앙은 병든 것입니다.

여러분 중에 하나님 앞에 서는 그 날, 하나님으로부터 책망을 받거나 마지막 때에 구원받지 못할 것 같은 죄가 있습니까? 그런데 여러분이 그 죄 때문에 책망을 받거나 구원받지 못하는 일은 아마 발생하지 않을 것입니다. 그러나 여러분이 전혀 예상하지 못한 죄 때문에, 어쩌면 여러분이 구원받지 못하거나 하나님 앞에 심각한 책망을 받게 될 것입니다. 그 죄가 바로 비참한 자리로 내몰린 이웃들에 대해 무관심한 죄입니다. 도울 수 있었는데도 그들을 고의적으로 외면하고 거절한 삶 때문에 하나님 앞에 책망을 받거나 어쩌면 구원받지 못하는 자리에 설 수도 있다는 것입니다. 그것이 하나님의 심판의 결정적인 근거로 작용한다는 사실을 두려운 마음으로 받아들이시기 바랍니다.

하나님의 심판과 재앙

7 그러므로 그들이 이제는 사로잡히는 자 중에 앞서 사로잡히리니 기지개 켜는 자의 떠드는 소리가 그치리라 8 만군의 하나님 여호와의 말씀이니라 주 여호와가 당신을 두고 맹세하셨노라 내가 야곱의 영광을 싫어하며 그 궁궐들을 미워하므로 이 성읍과 거기에 가득한 것을 원수에게 넘기리라 하셨느니라 9 한 집에 열 사람이 남는다 하여도 다 죽을 것이라 10 죽은 사람의 친척 곧 그 시체를 불사를 자가 그 뼈를 집 밖으로 가져갈 때에 그 집 깊숙한 곳에 있는 자에게 묻기를 아직 더 있느냐 하면 대답하기를 없다 하리니 그가 또 말하기를 잠잠하라 우리가 여호와의 이름을 부르지 못할 것이라 하리라 11 보라 여호와께서 명령하시므로 타격을 받아 큰 집은 갈라지고 작은 집은 터지리라 암 6:7-11

늦잠을 자고 일어나 기지개를 켜며 어제 먹은 술의 숙취가 깨지도 않았는데 또 먹을 것을 손에 쥐고 떠드는 자들의 소리가 이제 싹 사라질 것입니다. 하나님은 이들을 반드시 멸하겠다고 자기 스스로를 두고 맹세하십니다. 하나님은 야곱의 영광, 즉 야곱의 자만을 싫어하고 그들의 궁궐을 미워하여 도시와 나라 전체를 원수들에게 넘겨버리실 것입니다. 10절의 살벌한 표현을 보십시오. 죽은 자의 시체가 즐비하여 아직 더 묻을 자가 있냐고 물으니까

"쉿! 조용히 하십시오. 더는 없습니다. 그리고 하나님의 이름도 꺼내지 마십시오. 하나님의 심판이 다시 올까 두렵습니다"라는 것입니다. 하나님의 이름조차 입에 담을 수 없을 정도로 두려워 떠는 모습입니다. 이런 이스라엘에게 아모스는 이어서 말합니다.

> 12 말들이 어찌 바위 위에서 달리겠으며 소가 어찌 거기서 밭 갈겠느냐 그런데 너희는 정의를 쓸개로 바꾸며 공의의 열매를 쓴 쑥으로 바꾸며 13 허무한 것을 기뻐하며 이르기를 우리는 우리의 힘으로 뿔들을 취하지 아니하였느냐 하는도다 14 만군의 하나님 여호와의 말씀이니라 이스라엘 족속아 내가 한 나라를 일으켜 너희를 치리니 그들이 하맛 어귀에서부터 아라바 시내까지 너희를 학대하리라 하셨느니라 암 6:12-14

아모스는 12-14절에 허무한 것을 기뻐하고 그것을 자랑하는 이스라엘을 향하여 수사 의문문을 던집니다. 수사 의문문의 의도는 "아니오"라는 대답을 받기 위해서입니다. "말들이 어찌 바위 위에서 달리겠느냐"는 물음에는 당연히 "아니오. 달리지 못합니다. 말은 평지를 달려야지요"라는 대답이 나올 수밖에 없습니다. 그런데 뒤에 "소가 어찌 거기서 밭 갈겠느냐"는 물음에는 '어? 이거 뭐지?' 하는 반응이 나올 것입니다. 왜냐하면 소는 밭을 갈기 때문입니다.

이것은 우리가 사용하는 개역개정 성경이 아직 수정하지 않은 잘못된 번역입니다. "소로 밭을"이라는 히브리어 표현의 띄어 쓰기 문제로 잘못 번역한 것입니다. 이 단어는 '바브카림'인데 마지막 자음을 띄어 쓰면 "바브카르 얌"이 되고 이렇게 쓰면 "소로 밭을 갈다"가 "소로 바다를 갈다"가 되니까 수사 의문문의 문맥상 맞습니다. 여러 영어 번역본과 표준새번역도 이 번역을 채택하고 있습니다. 유진 피터슨이 메시지 성경에서 이 부분을 아주 실감나게 번역했습니다.

너희는 자갈밭에서 경마대회를 여느냐? 소를 부려 바다로 가느냐? 그러면 말들은 불구가 되고, 소는 익사할 것이다. 암 6:12 메시지

아모스는 이스라엘이 말도 안 되는 짓을 할 때 보통 이런 수사 의문문을 구사합니다. 그만큼 이스라엘에게 있어 정의를 쓸개로 바꾸고, 공의의 열매를 쓴 쑥으로 바꾸는 일은 황당하고 말이 안 되는 짓이라는 것입니다. 마치 인간이라면 절대로 그럴 수 없다는 뉘앙스입니다. 하나님이 주신 정의와 공의는 사회를 풍요롭게 만들며, 사람과 사람의 관계에 참된 기쁨을 주고, 그것을 행하는 자의 심령 깊은 곳에 만족을 안겨줍니다. 그런데 그 단맛 내는 좋은 음식을 버리고 어떻게 쓰디쓴 쓸개와 쑥을 자신의 양식으로 삼을 수 있는지, 하나님의 백성이라면 차마 할 수 없는 짓이라고 하는

것입니다.

13절에 "허무한 것"과 "뿔들"이라는 표현을 보십시오. 개역개정으로 읽으면 무슨 의미인지 확실히 알 수 있습니다. 그런데 개역개정을 제외한 대부분의 성경에서는 "허무한 것"을 '로드발'로, "뿔들"을 '카르나임'이라는 특정한 장소로 번역하고 있습니다. 아마실체가 없다는 뜻의 로드발, 힘과 권력을 의미하는 카르나임이라는 두 도시를 이스라엘이 정복했던 것 같습니다. 그러니까 이스라엘이 두 도시 이름의 뜻처럼 실체도 없고 허무한 것들을 정복해놓고 자기 힘으로 정복했다고 자기 자랑에 빠져 있는 것을 비꼬는 말인 것 같습니다.

14절에서는 이런 이스라엘에게 재앙이 선포됩니다. 한 민족이 일어나 이스라엘을 억압하고 하맛 어귀, 즉 이스라엘 북쪽 경계에서부터 아라바 시내, 즉 이스라엘 국경의 최남단까지 남김없이 다 쓸어버린다고 하십니다. 하나님의 재앙과 심판에서 어느 누구도 빠져나갈 수 없음을 말합니다. 심판의 메시지가 떨어지고 있는 지금 이 상황에서도 이스라엘은 허무한 것들을 붙들고 있습니다. 그들은 자기 자랑과 자만에 빠져 있습니다. 끝까지 탐욕을 붙들고 있습니다. 자신들이 쌓아올린 것처럼 보이는 업적들, 다른 나라를 점령하고 얻어낸 부요와 풍요들을 꼭 붙잡고 있는 것입니다.

탐욕의 죄를 자각하지 못하는 이유

아모스가 우리에게 던지는 이 메시지는 사실 굉장히 무겁고 우리의 본성으로는 거부하고 싶은 메시지입니다. 아모스는 허무한 것을 붙잡고 자랑하는 인생들을 향하여 조금의 타협도 없이 하나님의 심판을 선포합니다. 이스라엘이 깊이 빠진 허무함은 한마디로 탐욕입니다. 탐욕이 무서운 이유는 우리 영혼의 눈을 가린다는 것입니다. 바람을 피우거나 간음하는 사람들은 자신이 잘못된 삶을 살고 있다는 것을 직감적으로 알고 끊임없이 죄책감에 시달립니다. 그러나 탐욕은 다릅니다. 물신(物神)에 사로잡힌 자들은 자기 자신이 죄 가운데 있다는 사실, 이 죄가 그 어떤 죄보다도 하나님의 심판을 가져오는 강력한 원인이 된다는 사실을 자각하지 못합니다. 이것이 탐욕의 무서움입니다.

주변을 돌아보십시오. 정욕과 관련한 죄로 괴로워하는 자들은 많습니다. 그러나 자신의 탐욕 때문에 머리를 뜯거나 괴로워하는 사람은 거의 없습니다. "목사님, 제가 돈을 너무 많이 씁니다", "저는 노후나 미래에 대한 걱정 때문에 잠을 잘 수가 없습니다", "무엇보다 지나친 돈 욕심이 제 영혼과 가정과 주변 사람에게 해를 끼치는 것 같습니다" 저는 이런 상담을 요청해 오는 사람을 보지 못했습니다. 끊임없이 돈을 생각하고, 돈 모을 생각, 돈 걱정을 하면서도 자기가 탐욕 가운데 빠져 있다고 생각하지 않아요. 우리 시대의 문화가 사람들의 의식을 마비시켜버리는 것입니다.

그러나 분명히 기억하십시오. 예수님은 간음보다 탐심에 대해 훨씬 더 자주 경고하셨고, 그 비판의 수위도 높았습니다. 왜냐하면 자신이 그 죄에 빠져 있다는 것을 자각하지 못하기 때문입니다. 우리도 탐심에 이미 장악된 것이 아닐까 하는 두려운 마음을 가지셔야 합니다. 예수 믿는 신자들이 자신이 탐욕에 사로잡혀 있다고 생각하지 않는 이유는 표면적인 자기 삶의 모습 때문입니다. 일반적으로 예수 믿는 신자들은 돈으로 심하게 갑질을 한다든지, 돈을 흥청망청 쓰지 않습니다. 돈을 가지고 천박하게 자랑하거나 돈으로 사람을 조정하거나 하지 않습니다. 그러다보니 돈이 자기 영혼을 장악했다고는 생각하지 않는데 현실은 그렇지 않습니다. 우상은 그런 표면적인 삶에만 영향을 미치는 것이 아닙니다. 돈으로 자기 자신의 궁극적 안전을 도모한다든지, 자신의 삶을 지키고 통제하는 근본적인 힘이 결국은 돈이라는 사고를 가진 신자는 실제로 많습니다. 그러나 우리 삶을 안전하게 지켜주는 것은 돈이 아니라 오직 하나님밖에 없습니다. 돈이 주는 거짓 안전감으로부터 속히 빠져나오십시오.

내가 해 아래에서 큰 폐단 되는 일이 있는 것을 보았나니 곧 소유주가 재물을 자기에게 해가 되도록 소유하는 것이라 전 5:13

우리는 끊임없이 돈을 더 많이 가지고 싶어 합니다. 어느 정도가 자기 영혼에 가장 유익한지, 우리는 그 감각을 상실해버리고 말았습니다. 자기 영혼에 해가 될 만큼 돈을 많이 모으려고 합니다. 자기 소유가 자기에게 독극물이 되고, 쓴 쑥이 된다는 것을 기억해야 합니다.

하나님의 정의와 공의의 성품

정의와 공의는 자비와 긍휼의 다른 이름입니다. 이것은 교회를 다니는 신자가 해도 되고 안 해도 되는 삶의 원칙이 아닙니다. 여러 가지 선행 중에 하나가 아닙니다. 몸에 비유하자면 정의와 공의는 피에 해당합니다. 건강검진 1순위 검사가 바로 피 검사입니다. 피 상태를 보면 그 사람의 건강의 많은 부분이 확인됩니다. 쉽게 말해, 정의와 공의는 우리 몸과 영혼을 살게 하는 핵심입니다. 인간을 가장 인간답게 만들고, 우리의 내면을 가장 만족스럽게 만드는 근본적인 힘입니다. 하나님의 형상대로 지음 받은 인간 안에서 하나님의 정의와 공의라는 성품이 배어 나올 때 진정한 기쁨이 있는 것입니다. 그러나 인간들은 허구한 날 허무한 것을 붙잡습니다. 이 허무한 것들은 바로 나의 즐거움, 나의 성취, 나의 성공, 나의 돈벌이입니다. 한마디로 돈 많이 벌고 성공과 성취를 통해 자기 자신의 가치를 증명하는 것이 삶의 과업이 되어버렸습니다.

데이비드 브룩스의 책 《보보스는 파라다이스에 산다》(리더스북)

에 이런 문장이 나옵니다.

> "가정도 이제 더는 무정한 세상 속의 안식처나 살벌하게 물고 뜯는
> 여타 생활 영역에 평형추가 되지 않는다. 오히려 가정은 성공에 대
> 한 욕구를 최초로 배양하는 온실이 되었다."

부모들이 돈과 성공에 환장해 있는데 아이들이 그 부모를 통해
무엇을 배우겠습니까? 부모들이 자녀들에게 돈보다 더 중요한 것
이 있음을 삶으로 보여주셔야 합니다. 여러분의 삶이 낮고 낮은
사람들을 향한 연민과 긍휼로 채워진 인생이었음을 확인시켜주는
것보다 더 복되고 아름다운 신앙 교육은 없습니다. 그런 아이들
은 절대로 어그러지거나 망가지지 않습니다.

당신의 나단은 누구입니까?

여러분, 목사라는 자리보다 위험한 자리가 없습니다. 목회를
하면 할수록, 성도들이 모이면 모일수록 이 자리가 영혼을 팔아먹
기에 가장 적합한 자리라는 것을 알게 됩니다. 까딱 잘못하면 영
혼 팔아먹기 쉬운 저 같은 목사에게 어떤 분이 이렇게 질문했습니
다. "다윗에게 나단 선지자가 있었는데, 목사님에게 나단 선지자
는 누구입니까?" 저에게 나단 선지자는 누구일까요? 다른 사람

들을 향해 하나님의 정의와 공의를 베푸는 성도들입니다. 자신의 삶도 녹록지 않으면서 자기 욕망을 꺾고 남을 돕는 성도들은 남을 위해 자기를 깎아내는 분들입니다. 그런 분들의 헌신을 눈앞에서 볼 때, 저는 나단 선지자 앞에 선 다윗이 되어버립니다. "김관성 목사! 이래도 타락할래? 이래도 욕망에 사로잡힐래? 이래도 지금보다 더 큰 교회에 가서 목회하고 싶어?"라고 무섭도록 추궁하는 것입니다.

또 아모스서를 강해하면서 진짜 많은 나단을 만났습니다. 솔직히 설교해봐야 성도들의 삶이 설교를 통해 잘 바뀌지 않는다고 생각했는데, 이번에 얼마나 많은 나단 선지자를 만났는지 모릅니다. 어려운 사람들에게 흘려보내달라고 돈을 보내는 우리 교회 가족들의 복된 헌신의 모습을 보면서 제 안에 우글거리던 욕망을 얼마나 멀리 내던져버렸는지 모릅니다. 서로 섬기고 도우려는 모습을 보며 제 가슴이 뜨거워졌습니다. 하나님은 정의와 공의, 연민과 긍휼이 누군가에게 흘러가서 그 사람들의 얼굴에 미소가 지어지고 그들이 사랑받고 있음을 느낄 때 그 사랑을 받는 사람들보다 그 사랑을 흘려보낸 사람들의 영혼 안에 더 큰 기쁨을 주시는 분입니다. 복되고 아름다운 미쉬파트와 짜데카의 삶을 붙잡으십시오. 자기 행복을 위해 허무한 것들을 끊임없이 붙잡은 삶과 바꾸지 마십시오. 그것만큼 가련하고 불쌍한 인생이 없습니다.

사랑하는 여러분, 옆에 있는 우리 교회 가족들, 그리고 이웃이 기뻐하는 것을 보며 기뻐하십시다. 마음에 한 명이라도 떠올려보고 구체적으로 적용해보시기 바랍니다. 지금 하시기 바랍니다. 그 사람에게 전화를 하든지, 돈을 보내든지, 돈이 없으면 밥이라도 같이 먹고, 쿠폰이라도 쏘기를 바랍니다. 삶의 무게 때문에 곤비하고 곤고함 가운데 내몰려 있는 사람들에게 우리가 하나님의 정의와 공의로 함께하면 좋겠습니다. 그것이 한 인간이 이 세상에 태어나 가장 깊은 기쁨과 만족을 경험할 수 있는 길이라고 우리 주님께서 도전하고 있습니다. 허무한 것을 붙잡고, 허무한 것을 자랑하고 노래하다가 저물게 되는 불행한 자리에 서지 마시고, 오늘도 누군가와 함께 먹고 함께 살고 함께 삶을 나누는 복된 주의 백성들이 되어주시기를 우리 주님의 이름으로 축복합니다.

08

밥벌이의 노예

암 7:1-17

선견자야 너는 유다 땅으로 도망하여
가서 거기에서나 떡을 먹으며
거기에서나 예언하고
다시는 벧엘에서 예언하지 말라

아모스서 7장부터 9장은 지금까지와 다른 스타일의 내용이 전개됩니다. 7-9장에는 다섯 가지 환상이 등장합니다. 이 다섯 가지 환상은 앞에 두 가지 환상과, 이어지는 세 가지 환상으로 나눌 수 있습니다. 이렇게 나누는 근거는 두 가지인데, 첫 번째는 앞에 두 가지 환상 속에 담긴 심판에 대한 예언은 취소되었고, 그 뒤에 등장하는 세 번째, 네 번째, 다섯 번째 환상 심판은 취소되지 않고 그대로 집행된다는 것입니다. 두 번째 이유는, 앞에 두 가지 환상 심판은 심판의 내용만 있는 반면, 세 번째, 네 번째, 다섯 번째 환상 심판은 심판의 내용뿐만 아니라 왜 이런 심판이 주어지는지 심판의 이유를 설명하는 내용이 부연되어 있다는 것입니다.

첫 번째 메뚜기 환상

아모스서 7장에는 총 세 가지 환상이 등장합니다. 첫째, 메뚜기 재앙, 둘째, 불, 셋째, 다림줄입니다. 그러니까 세 번째 다림줄 환상에는 왜 이런 심판이 주어졌는지, 이 심판이 집행될 수밖에 없는 부연 설명이 따라 나올 것입니다.

> 1 주 여호와께서 내게 보이신 것이 이러하니라 왕이 풀을 벤 후 풀이 다시 움돋기 시작할 때에 주께서 메뚜기를 지으시매 2 메뚜기가 땅의 풀을 다 먹은지라… 암 7:1-2

1절은 "주 여호와께서 내게 보이셨다" 이렇게 시작합니다. 하나님의 계시가 아모스 선지자에게 임하였고, 그는 하나님이 메뚜기를 지으시고 메뚜기가 땅의 풀을 전부 다 먹어버리는 그림을 보았습니다. 메뚜기 심판의 의미는 메뚜기 떼로 인해 곡식이 전부 다 사라지고 기근과 죽음이 그 땅에 찾아온다는 것입니다. "왕이 풀을 벤 후 풀이 다시 움돋기 시작할 때에", 이것을 새번역으로 보니까 "두벌갈이의 씨가 움돋을 때" 이렇게 번역하고 있습니다. 고대 근동에는 곡식 수확을 1년에 두 번씩 했습니다. 첫 번째 곡식 수확은 전부 다 왕의 몫으로 돌아갔고, 두 번째 농사를 지어서 얻는 수확이 백성들의 몫으로 돌아가는 상황인데, 이 말씀에 따르면 두벌갈이한 씨가 움돋을 때 메뚜기 재앙이 임한 것입니다. 그렇게 되면 모든 피해를 고스란히 백성들이 입게 됩니다.

이 말씀과 관련해서 아모스 선지자가 우리에게 던지는 메시지가 있습니다.

1 하나님이여 주의 판단력을 왕에게 주시고 주의 공의를 왕의 아들에게 주소서 2 그가 주의 백성을 공의로 재판하며 주의 가난한 자를 정의로 재판하리니 3 의로 말미암아 산들이 백성에게 평강을 주며 작은 산들도 그리하리로다 4 그가 가난한 백성의 억울함을 풀어주며 궁핍한 자의 자손을 구원하며 압박하는 자를 꺾으리로다 5 그들이 해가 있을 동안에도 주를 두려워하며 달이 있을 동안에도 대대로 그리하리로다 6 그는 벤 풀 위에 내리는 비 같이, 땅을 적시는 소낙비 같이 내리리니 시 72:1-6

시편 72편 6절에 "벤 풀 위에 내리는 비"라는 표현이 있습니다. 이것은 첫 번째 수확을 하고 난 후에 소낙비가 내려서 두 번째 생산에 적합한 땅이 되도록 하였다는 것입니다. 언약의 땅에 이런 결과가 찾아오는 근거가 무엇입니까? 왕이 공의로 다스리고 가난한 백성과 궁핍한 자를 하나님의 율법에 따라 잘 돌보았기 때문입니다. 쉽게 말해서 왕이 공의로 나라를 다스리면 주의 백성들이 굶을 일이 없도록 조치하겠다는 것이 하나님의 뜻이었습니다.

그런데 아모스가 보고 있는 것은 정반대 상황입니다. 메뚜기 재앙으로 백성들이 다 굶어죽게 되는 상황들이 벌어지고 있습니다. 왜냐하면 왕이 하나님의 언약의 땅을 공의로 다스리지 않았기 때문입니다. 하나님께서는 아모스에게 보이신 메뚜기 환상을 통해 북이스라엘의 여로보암 2세를 향하여 직격탄을 날리고 있습니다.

왕이 하나님의 율법에 따라 이 나라를 다스리지 않았기 때문에, 자연환경을 통하여 이 땅을 심판하시겠다고 말씀하는 것입니다. 그런데 이 심판은 실행되지 않습니다. 하나님께서 아모스의 기도를 들으시고 심판을 유예하십니다. 그러나 여로보암 2세의 죄를 용서하신 것이 아닙니다.

두 번째 불 심판

4 주 여호와께서 또 내게 보이신 것이 이러하니라 주 여호와께서 명령하여 불로 징벌하게 하시니 불이 큰 바다를 삼키고 육지까지 먹으려 하는지라 5 이에 내가 이르되 주 여호와여 청하건대 그치소서 야곱이 미약하오니 어떻게 서리이까 하매 6 주 여호와께서 이에 대하여 뜻을 돌이켜 주 여호와께서 이르시되 이것도 이루지 아니하리라 하시니라 암 7:4-6

두 번째 환상은 하나님께서 이스라엘을 불로 징벌하여 큰 바다와 육지까지, 그러니까 온 세상을 전부 불로 삼켜버리는 환상입니다. 첫 번째 환상보다 더 심각한 국면입니다. 4절에 "주 여호와께서 명령하여 불로 징벌하게 하시니" 원어를 더 실감나게 번역한다면, 불에게 "명령하셨다"는 표현보다 "부르셨다"가 맞습니다.

앞서 1절에서 하나님께서 "메뚜기를 지으셨다"라고 했는데 "지으셨다"와 "부르셨다"라는 단어가 같이 등장하는 본문에 창세기 1장이 있습니다. 피조물을 지으시고 불러내시는 창조와 질서의 하나님께서 그 창조의 권능과 질서를 뒤엎어 메뚜기 떼가 땅의 풀을 다 먹게 하십니다. 불을 불러서 바다와 온 땅을 말리고 태워버리십니다. 하나님은 사랑과 창조의 하나님만 되시는 것이 아니라 자신의 피조물을 엄중히 심판하시는 하나님도 되신다는 사실을 우리가 반드시 기억해야 됩니다.

5절에 "청하건대 그치소서 야곱이 미약하오니 어떻게 서리이까", 이번에도 아모스는 하나님께 강청합니다. 이때 야곱이 미약하다고 한 것은 이스라엘 전체를 말하는 것입니다. 특별히 선지서에서 '야곱'이라는 이름이 등장할 경우에는 창세기에 나오는 야곱 개인을 떠올리면 안 됩니다. 여기서 말하는 야곱은 이스라엘의 별칭입니다. 야곱의 허리에서 나온 이스라엘 백성들입니다. 아모스가 "이스라엘이 미약하오니 어떻게 하나님의 심판을 견딜 수 있겠습니까?" 이렇게 기도하자 하나님께서 이번에도 아모스의 기도를 들으시고 불 심판의 재앙을 멈추십니다. 그런데 이것은 예언자의 기도가 중요하다는 메시지가 아닙니다. 자기 백성을 향한 하나님의 긍휼을 보여주는 대목입니다.

세 번째 다림줄 환상

두 가지 심판의 내용이 지나가고 아모스가 세 번째로 본 것은 하나님의 손에 들린 다림줄입니다. '다림줄'이라는 단어 자체가 생경한 분들이 분명히 계실 것 같습니다. 이 단어의 원어는 '아나크'인데 정확하게 표현하면 "납덩어리"입니다. 이 납덩어리는 다림줄 끝에 달린 추를 말합니다. 한마디로 건물이 계획한 대로 반듯하게 올라갔는지를 측정하는 도구가 바로 다림줄입니다.

그런데 보통 측량 추라는 의미의 히브리어는 미슈켈레트라는 단어를 사용하는데, 아모스는 평상시에 잘 사용하지 않는 아나크를 사용하고 있습니다. 그 이유는 발음 때문입니다. 본문의 아나크와 철자는 다르지만 발음이 똑같은 또 다른 '아나크'가 있습니다. 이 단어는 "심판의 처절함"을 의미합니다. 또 아나크와 비슷한 발음인 '아나흐'도 있습니다. 이 단어 역시 "다가올 파괴의 고통"을 의미하기 때문에 아모스는 이 단어들을 통해서 '하나님의 심판'이 떠오를 수밖에 없도록 언어유희를 구사하고 있다고 생각합니다.

> 이삭의 산당들이 황폐되며 이스라엘의 성소들이 파괴될 것이라 내가 일어나 칼로 여로보암의 집을 치리라 하시니라 암 7:9

9절에 보시면 하나님이 이삭의 산당들과 이스라엘의 성소들 그리고 여로보암의 집을 치시겠다고 말씀하십니다. 이 모든 종교 시설들이 하나님의 다림줄로 재어봤을 때 함량 미달이고, 잘못 세워진 만신당이라는 선언입니다. 앞에 두 환상은 아모스의 간청으로 하나님의 심판이 유예되거나 보류되었는데, 이번에는 그런 내용이 등장하지 않습니다. 그 이유가 10-17절에 등장하는 아모스와 아마샤의 대화에 담겨 있습니다. 이것은 세 번째 환상 심판이 취소되지 않고 결행될 수밖에 없는 이유를 분명하게 보여주는 대화입니다.

아모스가 북이스라엘에 대한 환상 심판을 보고 북이스라엘의 사마리아 성과 핵심적인 종교 도시인 벧엘에 가서 자기가 본 내용들을 선포했던 것 같습니다. 그러자 그 소문이 궁중 선지자인 아마샤의 귀에 들어갔습니다. 아마샤는 제사장과 왕의 정치적 참모 역할을 병행했던 인물로 보입니다. 더욱이 벧엘의 성소를 모두 관장하고 궁중 선지자들 중에서도 가장 높은 직책의 사람이었던 것 같습니다. 이런 아마샤가 아모스의 심판의 메시지를 어떻게 수용할 수 있겠습니까?

북이스라엘 왕조와 그 종교 시스템

11 아모스가 말하기를 여로보암은 칼에 죽겠고 이스라엘은 반드시

사로잡혀 그 땅에서 떠나겠다 하나이다 12 아마샤가 또 아모스에게 이르되 선견자야 너는 유다 땅으로 도망하여 가서 거기에서나 떡을 먹으며 거기에서나 예언하고 13 다시는 벧엘에서 예언하지 말라 이는 왕의 성소요 나라의 궁궐임이니라 암 7:11-13

아마샤는 이 끔찍한 내용을 왕에게 보고하고 동시에 아모스에게 분명하게 경고합니다. 여러분, 북이스라엘의 종교 시스템은 대부분 여로보암 1세 때 만들어졌습니다. 여로보암 1세는 백성들이 예루살렘에 있는 여호와의 성전에 제사드리러 올라가지 않도록 벧엘과 단에 백성들이 하나님을 예배할 수 있는 성소를 세웁니다. 또 금송아지를 만들어서 백성들이 그것을 섬기도록 했으며 레위 자손 아닌 일반 백성 중에서 제사장을 뽑습니다. 목적은 단 하나입니다. 남쪽 유다와 다르게 절기를 정하고 왕이 직접 그 제단에 분향하는 일에 참여하여 이스라엘이 지금까지 지켜온 신앙 전통을 끊어버리고 자기 왕조를 위한 자기만의 종교, 정치적 도구로 활용하기 쉬운 종교를 정립하기 위한 것이었습니다.

더욱이 여로보암 2세의 증조할아버지가 누구입니까? 예후입니다. 예후는 이스라엘 땅에서 바알을 섬기던 자들을 죽이고 바알의 신당들을 전부 파괴했습니다. 그래서 그는 하나님으로부터 옳은 일을 했다고 칭찬을 받습니다. 그러니까 여로보암 2세의 인식에는 자신이 예후를 이어 신앙의 전통 노선을 걷고 있다는 확신이 있었다는 것입니다. 13절에서 아마샤는 '벧엘'을 가리켜 "왕의 성소요 나라의 궁궐"이라고 말합니다. 그러니까 아마샤는 여로보암 1세가 세운 종교 시스템과 전통을 지키기 위해 존재하는 사람입니다. 이런 아마샤에게 아모스의 메시지는 왕을 향한 모반이며, 이 땅은 결코 아모스의 메시지를 용납할 수 없다고 생각했을 것이 분명합니다.

아모스가 이 에피소드를 세 번째 환상의 주석으로 넣은 이유가 바로 여기에 있습니다. 아마샤로 대변되는 북이스라엘 왕조와 그 종교 시스템은 자신들의 신앙의 신념, 그들이 세운 완벽해 보이는 종교 시스템 때문에 아모스의 심판의 메시지에 무릎 꿇지 않은 것입니다. 자신들이 소유한 신앙적 확신, 신앙적 전통 때문에 하나님의 음성을 듣지 못하는 일들이 벌어지다니 이보다 더 서글픈 현실이 어디 있습니까. 한마디로 여로보암 2세와 아마샤 안에는 이 나라와 이 나라의 신앙 체계는 결코 망할 수 없는 생각으로 가득했습니다.

아마샤의 길 vs 아모스의 길

아마샤는 회개하기는커녕 아모스를 위협하고 있습니다. 북이스라엘 왕조와 벧엘의 성소를 지키고자 하는 명분이 하나님과 명백한 하나님의 예언의 말씀보다 더 위에 있는 것입니다. 까놓고 말하면 그 명분이 자기 밥그릇을 보존하고 지켜주기 때문입니다. 12절에 "선견자야 너는 유다 땅으로 도망하여 가서 거기에서나 떡을 먹으며 거기에서나 예언하고", 아마샤는 아모스에게 "너는 네 고향으로 가서 예언하면서 그 일로 밥벌이를 해라" 이렇게 말합니다.

아마샤는 하나님이 무엇을 원하시는지에 관심이 없습니다. 오직 자신의 직책, 즉 자기 안위에만 관심이 있습니다. 위로와 축복의 말을 쏟아내며 밥 먹고 사는 것이 목적이 되어버린 궁중 선지자의 입에서 무슨 말이 나오겠습니까? 아마샤가 보여주고 있는 예언자상은 그저 시스템 안에서 선지자 노릇 적당히 하고, 국가와 왕에게 부역하고 충성하면서 자기 밥벌이를 하는 것입니다. 그에게는 하나님의 말씀보다 밥벌이가 더 중요합니다.

이런 아마샤의 경고와 위협에도 아모스는 단호하게 맞섭니다.

14 아모스가 아마샤에게 대답하여 이르되 나는 선지자가 아니며 선지자의 아들도 아니라 나는 목자요 뽕나무를 재배하는 자로서 15 양 떼를 따를 때에 여호와께서 나를 데려다가 여호와께서 내게 이르시기를 가서 내 백성 이스라엘에게 예언하라 하셨나니 암 7:14-15

어떤 의미에서 아모스의 모습이 선지자로서 진정한 밥벌이를 하는 모습입니다. '밥벌이'라는 표현을 부정적으로 인식할 수 있는데, 밥벌이가 얼마나 고귀한 것인지 아십니까? 누가 보든지 안 보든지, 성공하든지 성공하지 못하든지, 형통하든지 형통하지 못하든지 자신에게 맡겨진 직무의 본질에 충실한 삶, 이것이 하나님께서 예수 믿는 신자에게 맡겨준 밥벌이의 본질이라고 생각합니다.

리처드 세넷의 《장인 : 현대 문명이 잃어버린 생각하는 손》(아르테)이라는 책이 있습니다. "그는 별다른 보상이 없어도 일 그 자체에서 깊은 보람을 느끼고 완벽주의자처럼 세심하고 까다롭게 일하는 인간이다." 즉 우리가 잃어버린 장인의 원초적인 정체성을 오늘날 복원해야 된다는 것입니다. 우리가 아모스의 모습에서 이 장인의 모습, 밥벌이의 본령(本領)을 확인할 수 있는 것입니다.

언제부터인가 예수 믿는 신자의 소명이 전부 다 '명사'가 되어버렸습니다. "앞으로 뭐가 되고 싶습니까?", "당신의 꿈이 무엇입니까?" 이렇게 물으면 전부 "의사가 된다", "판사가 된다", "목사가 된다" 그러는데 뭐가 된다는 것은 신자의 소명일 수가 없습니다. "목사님, 제가 어느 길로 가야 합니까? 진로를 어떻게 결정해야 될지 모르겠습니다. 의사를 해야 됩니까? 판사를 해야 됩니까? 목사를 해야 됩니까?" 젊은이들이 보통 이렇게 많이 묻습니다. 답은 성적대로 하면 됩니다. 여러분, 의사, 판사, 목사 이런 명사는 신자의 소명이 아닙니다. 신자의 소명은 형용사입니다. '용감한', '정직한', '따뜻한', '정의로운', '하나님 말씀 위에 바로 서 있는', 이것이 신자의 소명이 되어야 합니다. 그 직(職)을 수행하는 방식이 예수 믿는 신자의 소명이지, 그 직책 자체는 예수 믿는 신자의 소명이 될 수 없습니다.

특별히 이스라엘의 선지자는 더욱더 그렇습니다. 용감하고 정직하게, 자신의 업(業)의 본질을 지키며 살아가고자 발버둥 치다가 깨어지는 바보 같은 인생, 바로 그것이 하나님으로부터 부름받은 선지자의 본령입니다. 현실과 사람을 고려하면 밥벌이의 노예가 되어 비루한 아마샤의 길로 흘러갈 수밖에 없습니다. 그러나 그의 눈에 하나님만 보일 때 아마샤의 길이 아닌 아모스의 길을 가게 될 것입니다.

자신의 신앙 체계와 삶이 부정당할 때

여러분, 아이러니하게도 여로보암 2세와 아마샤가 회개의 자리에 서지 못한 것은 자신들이 피땀 흘려 세운 나라와 그 나라를 지탱하는 신앙 시스템 때문이었다는 것을 무겁고 두려운 마음으로 받아들이시기 바랍니다. 그들의 수고로 나라의 정치와 경제가 안정되었고, 신앙 시스템이 굳건해졌습니다. 무엇보다 백성들이 그 신앙 시스템을 만족스러워했다는 사실을 기억하십시오.

이런 상황에서 그들이 아모스의 심판의 메시지를 전달받았으니 그들의 마음에 어떤 생각들이 떠올랐겠습니까? '도대체 뭐가 문제인가?'라는 진심 어린 탄식이 그들의 마음에서 올라올 수밖에 없었을 것입니다. 그리고 자연스럽게 자신들의 수고와 헌신이 담긴 이 나라의 제도와 상황을 부정하는 아모스라는 존재, 그리고 그의 입에서 선포되는 내용을 용납할 수 없었을 것입니다.

여로보암 2세와 아마샤의 태도는 예수님 당시 서기관과 바리새인들이 보인 반응과 똑같았고, 스데반이 하나님의 말씀을 선포했을 때 스데반을 향한 유대인들의 자세와 똑같았습니다. 그 이유도 똑같습니다. 최선을 다해 수고하고 마음을 담아 하나님을 섬기는 자신들의 신앙 체계와 삶을 다 부정당한 채 자신들이 하나님의 심판의 대상이라고 선포하는 아모스, 예수님, 스데반을 그 시대의 사람들이 용납할 수 없었던 것입니다. 여러분, 그들의 문제점이 무엇인지 아시겠습니까? 그들이 가진 신앙의 내용이 하나님의 계시 위에 기초해 있는 것이 아니라 자기들의 진심과 자기들의 신앙의 진정성과 자기들의 수고와 땀이 밴 현실의 결과물에 기초해 있었다는 것입니다.

내 방식대로 섬기는 하나님

예를 들면, 결혼을 하고 어느 정도 결혼생활을 해본 남자 분들은 대부분 이해하실 것 같습니다. 결혼한 남자들은 가정에 마음을 쏟고 정성을 다해 아내를 사랑합니다. 그렇지만 대부분 아내들의 표정이 좋지 않고, 자신이 사랑받는다고 느끼는 분들이 적습니다. 그리고 시간이 흐를수록 관계가 소원해집니다. 그렇다고 이혼을 할 수는 없고, 다른 뾰족한 수도 없어서 그냥 마지못해 산다는 분들이 많은 것 같습니다. 여러분, 왜 이런 일이 벌어집니까? 남자들은 가정을 책임지고 아내를 사랑합니다. 거기에 분명히 진심이 담겨 있습니다.

그러나 여자를 사랑할 때는 여자가 원하는 방식대로 사랑해야 합니다. 남자들이 놓치는 포인트가 이것입니다. 남자가 "나는 진심으로 최선을 다해 그대를 사랑했노라" 하지만 이것이 여자의 가슴에 와닿지 않는 것입니다. '나를 사랑한다면서 너는 왜 네 방식대로 나를 사랑하냐? 내가 원하는 방식대로 나를 사랑해다오.' 이것이 여자의 간절한 요청입니다.

똑같습니다. 우리는 우리 방식대로 하나님을 섬기려고 합니다. 우리에게 익숙한 것, 우리가 해온 것, 우리가 잘하는 것, 우리의 전통과 교리에 부합하는 것, 그것을 붙잡고 있으면서 하나님의 은혜와 하나님의 역사하심이 우리와 함께한다고 생각합니다. 이런 생각이 집약된 현장이 교회입니다. 그래서 우리는 교회에 우리의 시간, 우리의 물질, 우리의 헌신, 우리의 기도, 마음, 전부 다 쏟아붓습니다. 그것이 나쁘다는 것이 아니라 그렇게 하고 나니까 우리의 정성과 땀이 서려진 이곳을 우리도 모르는 사이에 절대화해버린다는 것입니다. 나의 추억, 나의 진심, 나의 친구와 나의 목사님, 나의 신앙이 서려 있는 이곳을 하나님 자신보다, 또 하나님의 말씀보다 더 사랑하는 잘못을 범하고 만다는 것입니다.

우리는 각자 자신이 성장한 교회에 대한 추억을 가지고 있습니다. 하나님은 어디 계신지 잘 느껴지지 않고, 하나님의 말씀도 뭔가 추상적이고 애매모호할 때가 있는데, 교회는 바로 여기 있습니다. 이것 때문에 많은 사람들이 교회를 하나님처럼 생각하고, 교회에 절대적인 권위를 부여합니다. 거기에 우리의 진심까지 담기고, 많은 사람들이 몰려와 교회를 좋아하다보니 그 누구도 우리가 하나님을 섬기는 방식에 대해서, 우리 교회와 나의 신앙의 내용과 스타일에 대해서 시비 걸지 못하게 하려는 정서가 우리 안에 자리 잡기 시작합니다. 이렇게 우리는 우리 자신의 진심 어린 신앙과 그 결과물들로 우리의 귀를 막아 하나님의 음성을 더 이상 듣지 않는 자리까지 나가게 된 것입니다.

하나님의 말씀을 각색하는 교회

짐 월리스는 《부러진 십자가》(아바서원)에서 이런 메시지를 던집니다.

"교회가 하나님의 계시라는 교회의 토대를 저버릴 때 교회의 예언자적 선포의 기반은 무너진다. 교회가 어떤 식으로든 기독교 신앙을 대중화하겠다는 잘못된 생각에 사로잡혀 있다면 계시된 하나님의 말씀의 중심 역할을 무시하게 되고 이로 인해 중요한 윤리적 판단을 할 수 있는 권리와 통찰력을 잃게 된다."

너무 정확한 메시지라고 생각합니다. 오늘날 교회를 향하여 던지는 무서운 경고입니다. 기독교 신앙을 대중화해서 더 많은 사람들이 모이는 교회로 성장시켜보겠다는 욕심 때문에 우리는 하나님의 말씀을 각색해버립니다. 우리 스타일대로 '위로의 하나님', '힘 주시는 하나님', '복 주시는 하나님'을 선포합니다. 그러다가 복음의 핵심이 담긴 '정의와 공의의 하나님'을 전부 다 내다버립니다. 그런 다음 우리에게 익숙하고, 많은 사람들이 좋아하는 하나님을 강단에서 선포하기 시작하는 것입니다. 청중들의 위압 앞에 어느 순간 '거룩한 설교자'라는 직책을 버리고, 청중들의 입맛에 맞는 메시지로 그들의 마음을 위로하고 힘을 실어주는 일들이 벌어집니다.

그러나 주님의 몸 된 교회는 이 세상의 세파, 인생의 세파에 희생당한 사람들의 시각으로 세상과 인생을 바라보는 남다른 기관이라는 것을 잊지 마십시오. 이 세상에 존재하지 않는 결을 가진 희한한 공동체가 바로 주께서 핏값으로 사신 교회입니다. 이 곳에서는 아픈 사람, 병든 사람, 성격이 이상한 사람, 슬픔과 서러움을 끼니로 먹는 사람들이 대장이 되고, 그들의 시각과 그들의 관점이 메인스트림(mainstream)이 됩니다. 이것을 전부 다 내던져버리고 돈 가진 사람들, 교양을 갖췄다는 사람들, 중산층들이 모여서 그들에게 잘 들어맞는 교회를 세우고 "아멘", "할렐루야"를 외쳐봐야 하나님은 거기에 계시지 않습니다.

어떤 공동체를 세워가고 있는가?

17절은 아모스가 아마샤에게 던지는 최종적인 메시지입니다.

여호와께서 이와 같이 말씀하시기를 네 아내는 성읍 가운데서 창녀가 될 것이요 네 자녀들은 칼에 엎드러지며 네 땅은 측량하여 나누어질 것이며 너는 더러운 땅에서 죽을 것이요 이스라엘은 반드시 사로잡혀 그의 땅에서 떠나리라 하셨느니라 암 7:17

우리도 마찬가지입니다. 우리의 신앙의 결이 여로보암 2세와 그를 대변하는 아마샤와 같은 노선에 서 있다면 우리에게 찾아올 현실은 심판입니다. 우리가 하나님을 섬기는 방식, 우리 교회의 문화, 여러분의 목사와 사역자들을 절대화하지 마십시오. 우리가 뭔가 남다르고 바르게 주님의 몸 된 교회를 세워가고 있다고 착각하지 마십시오. 그렇지 않습니다. 우리는 여전히 하나님께서 싫어하시는 수많은 죄악을 저지르고 있는 그저 그런 공동체입니다. 솔직히 세상에 내세울 만한 어떤 문화나 신앙의 내용이 별로 없습니다.

그러나 예수 믿는 신자의 공동체는 누군가를 반대하고, 어떤 제도 속에 담긴 죄를 드러내고, 심판을 선포하는 것으로 끝나서는 안 됩니다. 여기에 실질적인 생명의 역사가 나타나야 합니다. 아무 소망이 없던 자들의 삶이 회복되고, 어린양 되시는 예수님이 생명수 샘물을 값없이 주시고, 돈이 없어도 갈 수 있고, 상처 많은 인간이 가서 온갖 심술을 피워도 따뜻하게 받아주고, 내세울 것 하나 없는 사람도 목소리를 높여 자기 주장을 할 수 있고, 아무도 들어주지 않던 내 인생 이야기도 사려 깊게 들어준다는 그런 간증들이 있는 것입니다.

제가 참 좋아하는 신학자인 스탠리 하우어워스의 《성령》(복있는사람)이라는 책에 미국 앨라배마에 있는 한 교회에서 있었던 일이 담겨 있습니다. 주일에 교회 식구들이 모여서 기도 제목을 나누고 함께 기도하는 시간을 가지고 있었습니다. 그런데 사회복지기관으로부터 아이들 세 명을 위탁받아 키우고 있던 한 자매가 기도 제목을 내놓았습니다. 그 기관에서 아이들 네 명을 더 위탁 양육해주면 좋겠다고 연락이 왔는데, 이 일을 감당할 수 있도록 좀 더 큰 집으로 이사할 수 있게 기도해주면 좋겠다는 것이었습니다. 그러자 그 교회의 어른 한 분이 "우리가 이 일에 대해서 기도할 필요는 없겠군요. 우리 교회에서 예배당을 짓기 위해 10년간 모아놓은 건축 기금을 저 부부에게 전부 줘서 아이들을 기를 수 있도록 합시다" 그러자 교회 식구 전원이 박수를 치고 통과시켰다는 것입니다.

여러분, 이것이 성령께서 역사하시는 가장 분명한 모습입니다. 교회에 평범한 교인 한 사람이 일어나 이 교회 안에 가장 연약하고 힘없는 자를 섬기기 위해 세상의 상식을 뒤집고 보통 사람들의 예상을 뛰어넘는 어떤 일을 함께 해보자고 했을 때 모두 박수를 치고 모든 구성원들의 마음이 녹아버리는 곳, 그곳이 우리 교회가 되기를 원합니다. 자기 스스로 인생을 지키기가 버거워 하루에도 몇 번씩 죽고 싶은 마음이 찾아오는 사람, 아무리 노력해도 희망이 보이지 않고 삶이 달라질 것 같지 않아 끊임없이 자기 인생을 자책하는 사람을 돕기 위해서 우리 교회의 그 어떤 것도 포기하고 그 사람 곁으로 다가갈 수 있는 곳, 그런 곳이 교회가 되기를 바랍니다. 아모스가 우리에게 요구하는 정의와 공의가 바로 그것입니다.

기도하는 교회, 봉사하는 교회, 교제하는 교회, 다 좋습니다. 재정적으로 안정적인 교회가 되는 것, 좋습니다. 그러나 아모스가 우리에게 요청하는 미쉬파트와 짜데카, 정의와 공의, 자비와 긍휼이라는 실질적인 복음의 핵심 내용이 구현되지 않은 채 기도 많이 하는 교회, 봉사 많이 하는 교회, 교제 많이 하는 교회, 재정적으로 안정적인 교회가 되면 무슨 소용이 있습니까? 하나님께서 요구하시는 신앙의 열매는 하나도 없는, 그런 얍삽한 교회, 얍삽한 신자가 되어서는 안 됩니다. 왜냐하면 그것이 하나님의 심판의 대상이 되는 모습이기 때문입니다.

성경의 긴 역사를 되돌아봤을 때, 수많은 사람들이 자기들의 신앙의 전통, 자기들이 세워놓은 교회, 자기들이 만들어놓은 문화, 자기들이 옳다고 생각했던 신앙적 관점, 자기들이 믿고 있던 그 하나님 때문에 하나님의 진짜 메시지를 받아들이지 못하고 하나님께서 심판하시는 대상이 되었습니다. 우리도 이런 잘못을 반복할 수 있다는 것을 깨닫고 정신을 바짝 차려야 합니다.

여러분, 오늘 우리가 만들고 있는 신앙적인 전통과 교회 안의 문화, 우리가 가진 신앙의 내용들이 하나님의 심판의 대상이 될 만한 것들은 아닌지 우리의 모습을 두려운 마음으로 돌아보기를 원합니다. 우리의 거의 모든 것이 어설프고 부족하다 할지라도, 하나님의 정의와 공의만은 온전히 흘러넘치는 복된 교회로 세워지기를 원합니다. 우리의 모든 삶의 현장에서 하나님의 형상대로 지음 받은 사람들을 그리스도의 복음으로 품어내는 이 일만큼은 실패하지 않도록 이 일에 여러분의 삶과 인생과 신앙을 집중하시고 하나님 앞에 드리는 복된 인생들이 되어주시기를 우리 주님의 이름으로 부탁합니다.

09

어른들과 젊은이들

암 8:1-14

사람이 이 바다에서 저 바다까지,
북쪽에서 동쪽까지 비틀거리며
여호와의 말씀을 구하려고
돌아다녀도 얻지 못하리니

아모스서 8장과 9장에는 환상이 각각 하나씩 등장합니다. 8장에
나오는 네 번째 환상은 여름 과일 환상이고 환상에 대한 의미로
심판받아 마땅한 그들의 죄악에 대한 고발과 그로 인한 심판이
누구에게까지 확장되는지를 설명합니다.

> 1 주 여호와께서 내게 이와 같이 보이셨느니라 보라 여름 과일 한 광
> 주리이니라 2 그가 말씀하시되 아모스야 네가 무엇을 보느냐 내가
> 이르되 여름 과일 한 광주리니이다 하매 여호와께서 내게 이르시되
> 내 백성 이스라엘의 끝이 이르렀은즉 내가 다시는 그를 용서하지 아
> 니하리니 3 그 날에 궁전의 노래가 애곡으로 변할 것이며 곳곳에 시
> 체가 많아서 사람이 잠잠히 그 시체들을 내어버리리라 주 여호와의
> 말씀이니라 암 8:1-3

아모스는 환상에서 여름 과일 한 광주리를 보는데 바로 이어서
"내 백성 이스라엘의 끝이 이르렀다"라는 하나님의 말씀을 듣습니

다. 처음에 이 말씀을 읽으면 환상과 환상의 설명이 아무런 상관이 없는 것 같습니다. 그러나 여기에는 아모스가 자주 사용했던 언어유희가 들어 있습니다. 여름 과일은 히브리어로 '콰이쯔'라고 발음하는데 '끝'을 의미하는 단어 '케쯔'와 발음이 아주 유사합니다. 즉 이스라엘 백성들이 여름 과일이라는 단어를 들었을 때 그들의 의식 속에 마지막이라는 이미지가 떠오를 수밖에 없다는 것입니다.

또한 당시에 사용하던 농사 달력은 1년을 여덟 개의 기간으로 나누는데 마지막 여덟 번째 기간에 해당하는 달이 8월과 9월입니다. 그러니까 8월과 9월은 농작물을 수확하는 마지막 시기입니다. 농사가 다 끝났고 더 이상의 열매는 없다는 것을 의미합니다. 그렇기 때문에 마지막이 다가오고 있다는 분위기를 확실하게 표현해줄 수 있는 그림으로 '여름 과일'이 등장한 것입니다.

3절에 "그 날에 궁전의 노래가 애곡으로 변할 것이며 곳곳에 시체가 많아서 사람이 잠잠히 그 시체들을 내어버리리라"라고 합니다. 한마디로 다가오는 가을 절기가 기쁨과 환희의 축제가 되지 않고 심판이 기다리고 있음을 선언하는 것입니다. 이것이 전부가 아닙니다.

2절 끝부분에 "내 백성 이스라엘의 끝이 이르렀은즉 내가 다시는 그를 용서하지 아니하리니", 하나님은 이스라엘을 용서하지 않겠다고 하시는데 여기서 "용서하지 않겠다"는 부분의 원문적인 의미는 "넘어가지 않겠다"입니다. 영어성경 NASB, NIV는 'spare'

라는 동사를 사용하고 있어서 "남겨두지 않겠다"로 해석할 수 있습니다. 그리고 NRSV에서는 'pass'를 사용하고 있어서 "지나쳐버리지 않겠다"는 의미로 해석할 수 있습니다.

더 나아가 'pass'라는 단어는 출애굽 사건을 떠오르게 합니다. 즉 아모스는 출애굽 신앙을 자신들의 정체성으로 삼고 있는 이스라엘에게 하나님은 너희들의 죄와 악행을 이번에는 결단코 "넘어가지 않는다", "지나치지 않는다"라고 경고하고 있습니다.

형식주의 신앙

아모스는 여름 과일 환상을 보고 나서 좀 더 구체적인 이스라엘의 죄악을 고발합니다. 하나님께서 그들을 심판할 수밖에 없었던 핵심적인 이유를 말해주는 것입니다.

> 5 너희가 이르기를 월삭이 언제 지나서 우리가 곡식을 팔며 안식일이 언제 지나서 우리가 밀을 내게 할꼬 에바를 작게 하고 세겔을 크게 하여 거짓 저울로 속이며 6 은으로 힘없는 자를 사며 신 한 켤레로 가난한 자를 사며 찌꺼기 밀을 팔자 하는도다 암 8:5-6

첫 번째 죄악은 형식주의 신앙입니다. 그들은 그 달 초하루에 열리는 월삭 집회와 매주 드려지던 안식일에 참여했고 그 의식을 집전했던 종교인들입니다. 동시에 재력가들이었고, 이스라엘의 왕정과 사회 시스템을 자기 뜻대로 주무를 수 있는 능력을 가지고 있었던 사람들입니다. 그들은 보통 사람들과는 다르게 거의 모든 종교 행사에 참여하여 은혜를 받을 수 있었던 사람들입니다. 삶의 여유가 있었기 때문입니다. 그들의 삶은 모든 사람들이 부러워할 만한 것이었고 하나님의 은혜와 복을 충만하게 누렸던 자들이었습니다. 그런데 그들이 이렇게 이야기합니다. "월삭 언제 지나냐?", "안식일 언제 지나냐?" 쉽게 말해서 "예배가 도대체 언제 끝나냐?"는 것입니다. 예배를 드리기는 하지만 예배를 드리면서도 다시 집에 가서 돈 벌 생각만 하고 있는 것입니다.

그들의 문제만이 아닙니다. 주일의 핵심은 하나님께 예배드리는 것인데 예배 이후 프로그램과 사람들과의 교제에 더 빠져 있는 사람이라면 그들과 다를 바가 없습니다. 이런 신앙의 형식주의는 그들이 살아가는 삶의 방식에 반드시 영향을 미칠 수밖에 없습니다. 말이 좋아서 형식주의적인 신앙이지, 교회 나오는 불신자들일 뿐입니다. 종교의 무늬만 가졌고, 그냥 교회만 나오는 신앙은 반드시 그들의 삶에 영향을 미치거나 밖으로 표출됩니다.

속이고 착취하고 망하게 하는 죄의 본질

5절 후반부에 "에바를 작게 하고 세겔을 크게 하여"라는 표현이 나옵니다. '에바'는 약 36리터로 두 말 정도의 부피를 뜻합니다. 그런데 이 에바를 작게 해서 물건을 팝니다. '세겔'은 무게를 측정하는 단위로 약 11.5그램인데, 세겔을 크게 한다는 것은 측정하는 저울추의 중량을 늘려 물건을 사는 사람이 돈을 더 내게 하는 것입니다. 정당한 방법이 아니라 속여서 물건을 팔아 돈을 버는 것입니다. 율법에는 하나님께서 부정한 상거래를 철저히 금지하는 구절이 명명백백하게 나옵니다. 그들은 단순히 돈을 벌기 위해 부정을 저지르는 것이 아닙니다. 하나님의 말씀이라는 우리 삶의 기준을 내던져버리고 있는 것입니다. 이것이 그들의 죄악의 본질입니다.

하나님과 그분의 말씀을 삶의 저울로 삼아야 할 자들이 오히려 자신들이 사용할 수 있는 수단으로 사람을 속이고 착취하여 망하게 합니다. 그렇게 번 돈으로 힘없는 사람을 자신의 유익과 안락한 삶을 위해 고용할 뿐만 아니라 신 한 켤레 값으로 사람을 거래합니다. 먹을 것이 없는 사람들에게 찌꺼기 밀을 팔아 또다시 이윤을 취합니다. 가난하고 연약한 자들에게 얼마나 잔인한 일입니까? 신앙의 형식주의는 필연적으로 이런 삶으로 이어집니다.

하나님을 경외하는 마음이 사라진 자, 하나님이 자기 삶의 기준이 아닌 자는 반드시 다른 사람을 이용하고 착취하고 괴롭혀서 자기 이익을 채우는 자리에 서게 된다는 사실을 잊지 마시기 바랍니다. 목사인 저도 목회의 야망과 목표 때문에 부사역자들을 괴롭히고 그들의 삶을 착취하고 있지 않은지 끊임없이 뒤돌아봐야 합니다. 하나님은 누군가의 행복, 누군가의 권리, 누군가의 생존권을 짓밟으면서 살아가는 자들을 절대로 잊지 않겠다고 말씀하십니다.

이런 죄를 짓는데 어떻게 땅에 지진이 일어나지 않겠으며, 주민이 애통하지 않겠으며, 온 땅이 강물처럼 솟아오르다가 불어나다가 가라앉지 않겠냐고 말씀합니다. 동시에 하나님은 해를 대낮에 지게 해서 캄캄하게 만들어버리겠다고 하십니다.

8 이로 말미암아 땅이 떨지 않겠으며 그 가운데 모든 주민이 애통하지 않겠느냐 온 땅이 강의 넘침 같이 솟아오르며 애굽 강 같이 뛰놀다가 낮아지리라 9 주 여호와의 말씀이니라 그 날에 내가 해를 대낮에 지게 하여 백주에 땅을 캄캄하게 하며 암 8:8-9

우리의 삶은 지금 어떻게 흘러가고 있는지 두려운 마음으로 돌아보아야 합니다. 이어지는 10절에서 또다시 중요한 출애굽 이미지가 나옵니다.

너희 절기를 애통으로, 너희 모든 노래를 애곡으로 변하게 하며 모든 사람에게 굵은 베로 허리를 동이게 하며 모든 머리를 대머리가 되게 하며 독자의 죽음으로 말미암아 애통하듯 하게 하며 결국은 곤고한 날과 같게 하리라 암 8:10

"독자(獨子)의 죽음으로 말미암아 애통하듯 하게 하며", 우리는 이 말씀을 통하여 출애굽 사건을 떠올릴 수 있습니다. 그 당시 이스라엘의 장자들은 유월절 어린양의 피로 말미암아 살아남을 수 있었습니다. 하지만 이번에는 하나님께서 그냥 지나가지 않겠다고 단언하십니다. 즉 하나님의 백성이라는 그들의 정신 상태, 그들이 살아가는 방법, 그들 안에 자리 잡은 문화가 그 옛날 애굽이 이스라엘 백성을 착취하고 짓밟았던 것과 똑같은 형태로 나타난다는 하나님의 강력한 지적입니다.

여호와의 말씀을 듣지 못한 기갈

여기까지는 우리가 지금까지 살펴보았던 심판의 메시지와 비슷합니다. 그런데 아모스서 8장에는 하나님의 강력한 심판의 내용이 하나 더 추가되어 있습니다.

11 주 여호와의 말씀이니라 보라 날이 이를지라 내가 기근을 땅에 보내리니 양식이 없어 주림이 아니며 물이 없어 갈함이 아니요 여호와의 말씀을 듣지 못한 기갈이라 12 사람이 이 바다에서 저 바다까지, 북쪽에서 동쪽까지 비틀거리며 여호와의 말씀을 구하려고 돌아다녀도 얻지 못하리니 13 그 날에 아름다운 처녀와 젊은 남자가 다 갈하여 쓰러지리라 14 사마리아의 죄된 우상을 두고 맹세하여 이르

기를 단아 네 신들이 살아 있음을 두고 맹세하노라 하거나 브엘세바가 위하는 것이 살아 있음을 두고 맹세하노라 하는 사람은 엎드러지고 다시 일어나지 못하리라 암 8:11-14

하나님이 내리는 심판의 준엄함의 정점은 바로 그들을 영적인 기갈 상태에 그냥 내버려두는 것입니다. 죄악에 빠져 국가적 재난을 당한 백성들이 하나님의 말씀으로 회개의 길을 찾고 돌이키기 위해 이 바다에서 저 바다까지, 북쪽에서 동쪽까지 비틀거리며 하나님의 말씀을 구하려고 다녀도 결코 찾지 못하게 됩니다. 이것이 하나님께서 이스라엘 백성들을 향해 내리시는 가장 무서운 심판입니다.

회개의 기회가 주어지는 것은 성령의 역사입니다. 하나님의 말씀을 들을 때 찔림이 있고 은혜가 느껴지는 것이 우리에게 복입니다. 그런데 우리가 교회에 와서 말씀을 들어도 그것이 자신의 삶에 별 의미가 없게 느껴지는 날이 계속된다면, 그것이 하나님께서 내리는 가장 큰 심판이라는 것을 명심해야 합니다. 그 심판을 받은 자들은 자신의 범죄함을 알고도, 자신의 죄악과 더러움을 알고도 하나님께 돌아갈 의지가 생기지 않습니다. 그리고 이렇게 말합니다. "지금은 죄 가운데 있지만, 언젠가는 하나님께 돌아갈 거야." 이들은 대단한 착각에 빠져 있습니다. 언제든지 마음만 먹으면 자신의 의지로 하나님께 돌아갈 수 있다고 생각합니다.

마치 죽기 전에 예수님을 믿겠다고 하는 것과 똑같습니다. 물론 죽기 전에 예수님을 받아들이는 사람들이 있습니다. 그런데 그것은 그 사람 가운데 하나님의 은혜가 임했기 때문에 가능한 것입니다. 평생 살아온 가치관을 순식간에 바꾸는 것은 결코 쉽지 않습니다. 믿고 싶다고 믿어지는 것이 아닙니다. 하나님께 돌이키는 것조차 하나님의 놀라운 은혜가 있어야만 가능한 역사입니다.

다시 일어나지 못하리라

이스라엘의 처참함은 하나님을 찾고 찾지만 결국 사마리아의 죄 된 우상과 벧엘과 단의 신들, 브엘세바의 신들에게로 다시 돌아간다는 것입니다.

사마리아의 죄된 우상을 두고 맹세하여 이르기를 단아 네 신들이 살아 있음을 두고 맹세하노라 하거나 브엘세바가 위하는 것이 살아 있음을 두고 맹세하노라 하는 사람은 엎드러지고 다시 일어나지 못하리라 암 8:14

괴로워하고, 고민하고, 가슴 아파하고, 열심을 내어 진리를 찾는다고 하나님을 만날 수 있는 것이 아닙니다. "나는 하나님께 나름 진심이야. 나는 성소까지 가니까 하나님께서 나에게 은혜를 베푸시고, 내 삶을 용서해주실 거야" 이것이 얼마나 가당치 않은 소리인지 아시겠습니까? 그들은 결코 하나님을 만날 수 없습니다. 죄악에 노출된 시간, 하나님의 형상대로 지음 받은 인간을 착취하며 살았던 그 시간과 가치관과 세계관에서는 하나님을 찾아도 자기 입맛에 맞는 하나님을 갈망하게 됩니다. 그래봐야 결국 가짜 하나님을 찾아 길을 나서게 되고, 가짜 하나님에게 속은 채 남은 인생을 살 수밖에 없습니다. 이런 자들을 향하여 하나님께서는 단호히 "다시 일어나지 못하리라"라고 하십니다.

여기서 우리가 한 가지 기억해야 할 사실이 있습니다. 이스라엘이 잃어버린 하나님의 말씀이 바로 '하나님의 정의와 공의'라는 것입니다.

일곱째 날은 네 하나님 여호와의 안식일인즉 너나 네 아들이나 네 딸이나 네 남종이나 네 여종이나 네 소나 네 나귀나 네 모든 가축이나 네 문 안에 유하는 객이라도 아무 일도 하지 못하게 하고 네 남종이나 네 여종에게 너 같이 안식하게 할지니라 신 5:14

노동을 위해 존재하는 종이라도, 소나 나귀나 가축 그리고 문 안에 유하는 객, 즉 떠돌이 나그네라고 해도 안식일에는 쉬게 하라고 하나님께서 말씀하셨습니다. 가난하고 힘없는 자들이 같이 먹고, 같이 쉼을 얻으며, 함께 살아가는 것이 하나님의 공의의 실현이며 이런 날을 제도적으로 만들어놓은 날이 안식일입니다. 그런데 이스라엘의 권력자들, 종교인들, 재력가들은 안식일에도 예배를 빨리 끝내고 돌아가 돈 벌 생각에 빠져 있습니다. 그것도 가난하고 연약한 자들을 착취의 대상으로 삼으면서 말입니다.

결국 그들에게 영적 기갈이라는 사형 선고가 내려졌습니다. 아모스는 아주 담대하게 선포합니다. "너희들은 아무리 하나님을 찾아도 하나님을 만날 수 없고, 일평생 거짓 신앙 체계 가운데 살면서 울고불고 위로받고 나름 힘도 얻겠지만, 그것은 결코 하나님으로부터 온 위로와 평강이 아니라 스스로 만들어낸 정신 승리에 불과하다. 너희들은 그렇게 살다가 허무하게 죽게 될 것이다." 이것이 하나님께서 아모스 선지자를 통하여 북이스라엘의 종교인들, 재력가들, 권력자들, 하나님의 정의와 공의를 잃어버린 자들을 향하여 선포하고 있는 벌의 엄중한 내용입니다.

아름다운 처녀와 젊은 남자의 운명은?

북이스라엘은 세워진 지 200년 만에 처참한 멸망의 자리에 내몰리게 됩니다. 그들이 이런 비극의 주인공이 된 것은 나라의 국방력이 약해서도 아니고, 경제력이 부족해서도 아닙니다. 권력을 가진 지배층들이 서민들의 자유와 생존권을 약탈하고 착취하여 언약의 땅에서 하나님의 정의와 공의를 지워버렸기 때문입니다. 그

근본적인 이유는 하나님을 두려워하는 마음을 상실하고, 전심으로 순종하려는 의지 없이 하나님 말씀 앞에서 이렇게 저렇게 간만 보며 살았기 때문입니다. 결국 하나님의 말씀이 그 땅에서 사라져 버렸습니다. 생명수가 완전히 말라버린 상황으로 치닫게 되었습니다.

그런데 아모스 8장의 이 비참한 결론이 결국 누구를 향하고 있습니까?

> 12 사람이 이 바다에서 저 바다까지, 북쪽에서 동쪽까지 비틀거리며 여호와의 말씀을 구하려고 돌아다녀도 얻지 못하리니 13 그 날에 아름다운 처녀와 젊은 남자가 다 갈하여 쓰러지리라 14 사마리아의 죄된 우상을 두고 맹세하여 이르기를 단아 네 신들이 살아 있음을 두고 맹세하노라 하거나 브엘세바가 위하는 것이 살아 있음을 두고 맹세하노라 하는 사람은 엎드러지고 다시 일어나지 못하리라 _암 8:12-14_

12절의 주어는 '사람이'인데 히브리어로는 삼인칭 복수로 되어 있어서 "그들이"라고 번역해야 맞습니다. 즉 이 사람들이 누구를 가리키는지를 정확히 확인해야 합니다. 신학자들은 공통적으로 8장 2절의 '내 백성 이스라엘'이라고 말합니다. 저도 그 견해에 동의합니다. 그런데 13절을 보시면, "그 날에 아름다운 처녀와 젊은 남자가 다 갈하여 쓰러지리라"라고 합니다. 즉 아름다운 처녀와 젊은 남자가 12절에서 말하는 '사람이'에 포함된 것으로 보는 것이 문맥상 자연스럽습니다.

그런데 이들의 운명이 어떻게 됩니까? 다시는 재기할 수 없는 수준으로 완전히 꼬부라져서 회복하지 못하게 된다고 합니다. 굉장히 두려운 말씀입니다. 이스라엘의 기성세대가 하나님의 언약의 땅을 다 망쳐버렸습니다. 결국 그들은 하나님의 심판의 대상이 됩니다. 문제는 일차적인 책임이 없는 이스라엘의 다음세대인 '아름다운 처녀와 젊은 남자'도 나라를 망쳐버린 기성세대와 동일한 자리로 내몰리게 된다는 것입니다. 젊은 세대는 아무런 문제가 없는데 마른하늘에 날벼락을 맞게 되었다는 것입니다. 어른들이 만들어놓은 종교 제도, 하나님을 믿는 방식, 돈 버는 방법, 사람을 상대하는 모습, 언약의 땅인 이 나라에 형성되어 있는 여러 문화들이 자연스럽게 이스라엘의 젊은이들에게도 흡수된 것입니다.

젊은이들 역시 하나님께서 이 나라를 통해서 이루실 일, 하나님께서 요구하는 삶의 모습, 미쉬파트와 짜데카의 구현에는 관심이 없고, 육신의 욕구에 충실한 삶으로 일관했습니다. 결국 그들을 향해서도 하나님은 동일한 심판을 가하십니다. 그 심판의 내용이 무엇입니까? 아무리 몸부림치고 돌아다녀도 그들이 살아가는 땅에서는 하나님의 말씀을 들을 수 없다는 것입니다. 그래서 그들은 평상시 삶의 습관을 좇아 허무하고 아무런 실체도 없는 그들의 우상에게 돌아가 거기서 위로받고 힘내고 헛짓하다가 생을 마감하게 됩니다.

더 무서운 것은 자신들이 심판을 받았다는 것을 모른다는 것입니다. 하나님의 심판이 그들의 삶의 현장에서 비극적으로 나타나지 않기 때문입니다.

4 그들은 죽을 때에도 고통이 없고 그 힘이 강건하며 5 사람들이 당하는 고난이 그들에게는 없고 사람들이 당하는 재앙도 그들에게는 없나니 시 73:4-5

그들은 자신의 신앙에 속아서 이 땅에서 사는 동안 고난이 없고, 죽을 때조차도 고통 없이 평안히 죽습니다. 그리고 천국에서 눈을 뜨게 될 것이라고 확신합니다. 그러나 그들은 영벌을 받게 될 것입니다. 단 한 번도 자신의 삶이 잘못되었다는 인식을 하지 못하는 저주와도 같은 삶을 살게 됩니다.

젊은 세대의 신앙, 누구의 책임인가?

요즘 젊은 세대가 교회를 떠나고 있습니다. 예배당에 남아 있는 젊은 세대도 기독교 신앙에 대하여 진지하지 않습니다. 아이들의 신앙 전반에 이런 기류가 흐른다는 것은 이 나라와 이 땅에 소망이 없다는 결정적인 증거입니다. 어른들의 신앙 세계가 다 무너졌기 때문에 아이들의 신앙도 함께 붕괴된 것입니다.

아이들은 바보가 아닙니다. 자기 아버지, 어머니, 교회의 집사님, 권사님, 장로님, 무엇보다 목사님이 살아가는 모습을 보니 하나님이 없고, 그들의 삶의 모습, 교회의 문화를 보니 세상에서 자기들이 배웠던 인문학의 수준에도 미치지 못하니까 교회를 떠나는 것입니다. 하나님보다 돈에 미쳐 있습니다. 하나님은 액세서리에 불과합니다. 그 누구에게서도 "애들아, 우리는 함께 살아가야 하는 존재다. 가난하고 연약한 사람들의 손을 절대로 놓지 말아라" 이런 말을 들어보지 못했습니다. 꽤 오랫동안 지켜보다가 그들이 결론을 내립니다. "독립하면 나는 예수를 믿지 않겠다", "내가 하나님을 믿고 있는지 안 믿는지 잘 모르겠다", "이러나저러나 별 상관이 없는 것 같다" 결국 이 지경으로 흘러가버리는 것입니다.

이 아이들 중에 기독교 신앙에 대한 습관이 있기 때문에 삶에서 어려움을 만나면 하나님을 찾기는 합니다. 문제는 어려움을 만나기 전에 형성된 가치관, 삶의 철학, 살아가는 방법과 세계관이 이미 기독교 신앙과 무관한 것들이기 때문에 하나님을 찾아도 자기 입맛에 맞는 하나님을 찾는다는 것입니다. 무엇이 참된 하나님의 말씀인지 분간하지 못합니다. 누가 이들을 이런 자리에 내몰았습니다. 우리 어른들이 만들었습니다.

여러분, 진지하게 묻겠습니다. 여러분의 가정생활, 직장생활, 교회생활에 하나님이 있습니까? 아이들을 어느 대학에 보낼지, 어느 직장에 나가게 할지 노심초사하는 만큼이라도 아이들의 신앙에 관심이 있습니까? 없습니다. 아이들이 이것을 압니다. '하나님이 있는지 없는지, 그런 존재가 우리 부모님의 삶에 진짜 영향을 미치는지 안 미치는지 솔직히 모르겠다.' 아마 이것이 아이들의 솔직한 마음일 것입니다. 하나님의 마음으로 사람을 사랑하고, 사람을 섬기고, 자기 인생을 하나님의 정의와 공의를 위하여 드려야겠다는 꿈과 소망과 비전을 가진 아이들이 없는 이유는 우리가 그런 삶을 보여주지 않았기 때문입니다.

다시 깨워야 한다, 다시 일으켜야 한다

제가 왜 아직도 하나님의 말씀을 선포하는 목사로 살고 있는지 아십니까? 하나님께서 제 인생 가운데 베풀어주신 은혜 때문입니다. 고향 교회를 통해서 저는 아무 조건 없이 품어주시는 사랑을 받았고, 가난하고 소외된 사람도 아무 이유 없이 동등한 대우를 받아야 하고, 사람이라면 당연히 존중받아야 한다고 배웠습니다.

그 은혜는 제가 신앙생활을 하면서 만났던 집사님, 전도사님, 목사님들로부터 받은 것입니다. 그 분들을 통해 그리스도의 사랑이 새겨졌고, 세상과는 뭔가 다른 문화가 제 안에 확고하게 자리 잡게 되었습니다. 그 어른들의 모습을 보면서 저 역시 남을 위해 살아야겠다는 마음을 먹었습니다. 절대로 세상의 가치와 기준대로 사람을 대하지 않겠다고 마음먹었고, 하나님을 아버지로 모신 자들의 아름다움과 멋짐을 세상에 분명하게 선보이는 목사가 되겠다고 결심했습니다. 어쩌면 저의 목회나 교회의 방향은 그 어린 시절에 이미 제 마음에 만들어졌는지 모릅니다.

우리가 말씀 앞에 제대로 회개해서 아이들에게 하나님을 믿는 모습, 하나님이라는 존재, 그리스도의 사랑, 하나님의 정의와 공의가 무엇인지 한두 명의 아이에게라도 알려주면 변화는 시작됩니다. 2,30대가 무시무시한 결혼이 무엇인지 어떻게 알겠습니까? 돈벌이의 고독함과 가혹함을 어떻게 알겠습니까? 모두가 그렇지는 않겠지만 유흥에 빠져서 놀기에도 바쁩니다. 그런 세대가 신앙의 진지함을 갖기란 쉽지 않습니다. 그런데 진짜 하나님을 만난 목사님, 장로님, 집사님들이 아무런 도움도 되지 않고, 신앙에 별 관심도 없는 자신들을 무조건 사랑해주고 참고 기다리고 실질적인 필요를 채워준다면, 이 세상과 완전히 다른 문화를 보여주면 그들의 영혼 안에 있는 희미한 신앙들이 깨어나기 시작합니다.

우리가 먼저 변화되어서 하나님을 예배하는 모습, 하나님 앞에서 살아가는 모습을 보여주어야 합니다. 그들에게 하나님이 어떤 분이신지 삶으로 보여줍시다. 그들의 신앙이 활짝 꽃피울 수 있도록 우리가 본을 보입시다. 우리 인생의 의미가 바로 거기에 있습니다. 젊은 세대를 일으키는 사역에 성공하는 우리가 되고, 그런 교회가 되기를 우리 구주 예수 그리스도의 이름으로 축복합니다.

10

다윗의 장막

암 9:1-15

그 날에 내가 다윗의 무너진 장막을 일으키고
그것들의 틈을 막으며 그 허물어진 것을 일으켜서
옛적과 같이 세우고 그들이 에돔의 남은 자와
내 이름으로 일컫는 만국을 기업으로 얻게 하리라
이 일을 행하시는 여호와의 말씀이니라

아모스 9장은 아모스가 본 환상 중 마지막 환상입니다. 전반부에 아모스가 본 환상의 내용이 등장하고, 후반부에는 아모스서 전체를 아우르는 메시지로 구성되어 있습니다. 이 마지막 환상은 하나님이 보여주신 환상이 아니라 아모스가 직접 본 환상으로 기록되었고, 앞에 등장한 다른 환상들보다 훨씬 길고 자세한 것이 특징입니다.

1 내가 보니 주께서 제단 곁에 서서 이르시되 기둥 머리를 쳐서 문지방이 움직이게 하며 그것으로 부서져서 무리의 머리에 떨어지게 하라 내가 그 남은 자를 칼로 죽이리니 그 중에서 한 사람도 도망하지 못하며 그 중에서 한 사람도 피하지 못하리라 2 그들이 파고 스올로 들어갈지라도 내 손이 거기에서 붙잡아 낼 것이요 하늘로 올라갈지라도 내가 거기에서 붙잡아 내릴 것이며 3 갈멜 산 꼭대기에 숨을지라도 내가 거기에서 찾아낼 것이요 내 눈을 피하여 바다 밑에 숨을지라도 내가 거기에서 뱀을 명령하여 물게 할 것이요 4 그 원수 앞에

사로잡혀 갈지라도 내가 거기에서 칼을 명령하여 죽이게 할 것이라 내가 그들에게 주목하여 화를 내리고 복을 내리지 아니하리라 하시니라 암 9:1-4

성전에서 시작되는 심판

1절에는 성전 기둥들이 무너져 내린다고 나옵니다. 성전이 무너진다는 것은 모든 것이 끝났다는 것을 보여주는 결정적인 심판의 장면입니다. 왜냐하면 이스라엘 백성에게 있어서 성전은 그들의 정체성을 나타내는 핵심적인 장소이기 때문입니다. 특히 하나님께서 제단 곁에 서서 심판을 행하신다는 것에 주목해야 합니다. 제단은 원래 백성들이 하나님께 가지고 나온 제물을 잡고 그들에게 용서와 은혜가 선포되는 장소인데, 그 제단에서 혹독하고 피비린내 나는 심판이 행해집니다.

심판의 내용도 정말 무섭습니다. 제단의 기둥들이 무너져서 예배자들의 머리에 떨어집니다. 한 사람도 도망치지 못하고 칼에 죽습니다. 스올로 들어가도, 하늘로 올라가도, 산꼭대기에 숨고 바다 밑에 숨더라도 하나님의 마지막 심판을 피할 수 없습니다.

하나님께서 성전을 무너뜨릴 뿐만 아니라 단 한 사람도 심판을 피할 수 없도록 이스라엘을 심판하시는 이유가 무엇입니까? 다섯 가지로 요약할 수 있습니다.

첫째, 그들은 하나님의 정의와 공의를 무시했습니다. 특별히 가난하고 연약한 자들을 짓밟아 자기 배를 채우는 삶을 일관했습니다.

둘째, 하나님은 그런 삶에서 돌이키도록 그들에게 수많은 메시지를 전달하셨고, 기다리고 기다리며 그들에게 기회를 주셨습니다.

셋째, 그러나 모든 기회를 날려버렸습니다. 그들은 자신들의 입맛과 기호에 맞는 예배와 신앙생활을 고수했고, 남을 착취해서 안락과 형통을 확보하는 삶을 계속했을 뿐만 아니라 선지자들의 메시지에 귀 기울이지 않았습니다. 오히려 바른 메시지를 선포하는 하나님의 종들을 핍박했습니다.

넷째, 이스라엘 기성세대의 종교와 삶의 타락은 젊은 세대에까지 영향을 미쳤고, 젊은 세대마저 기성세대가 만들어놓은 삶을 따라갔습니다.

다섯째, 결국 그들은 그 어떤 곳에서도 참된 하나님의 말씀을 듣지 못하는 비극의 주인공이 되었습니다. 평생토록 자기 정욕과 욕심을 정당화해주는 선지자와 자신들만의 하나님을 섬겼습니다. 그런 이유로 그들은 성소에서 시작되는 처절한 심판의 대상이 된 것입니다.

하나님의 심판은 지극히 옳다

아모스는 하나님의 정의와 공의를 저버린 자들에게 하나님은 하나님의 주권적인 뜻에 따라 하나님의 방법으로 얼마든지 자신의 피조물들을 심판하실 수 있는 분으로 묘사합니다.

> 5 주 만군의 여호와는 땅을 만져 녹게 하사 거기 거주하는 자가 애통하게 하시며 그 온 땅이 강의 넘침 같이 솟아 오르며 애굽 강 같이 낮아지게 하시는 이요 6 그의 궁전을 하늘에 세우시며 그 궁창의 기초를 땅에 두시며 바닷물을 불러 지면에 쏟으시는 이니 그 이름은 여호와시니라 암 9:5-6

땅을 녹아내리게 하는 화산 폭발, 땅이 강물처럼 솟았다가 내려앉는 강력한 지진, 바닷물을 지면에 쏟으시는 홍수나 쓰나미와 같은 최악의 천재지변을 자신의 심판의 도구로 사용하실 수 있다는 것입니다. 여기에는 "심판주로서 하나님의 모든 행동은 지극히 정당하고 옳습니다"라는 하나님을 향한 아모스의 찬양이 담겨 있습니다.

이어지는 7절에는 아모스의 특기인 수사 의문문이 등장합니다. 세상을 지으신 창조의 하나님이 왜 자신의 피조물을 무자비하게 박살내는 심판주가 되셔야만 하는지 그 이유를 설명합니다.

여호와의 말씀이니라 이스라엘 자손들아 너희는 내게 구스 족속 같
지 아니하냐 내가 이스라엘을 애굽 땅에서, 블레셋 사람을 갑돌에
서, 아람 사람을 기르에서 올라오게 하지 아니하였느냐 암 9:7

여기에 등장하는 '구스'는 에티오피아를 뜻하는데, 당시 이스라
엘은 구스가 세상의 끝이라고 생각했습니다. 그들의 피부색이나
문화는 자신들과 가장 멀고 이질적이라고 느꼈는데, 이스라엘이
구스에게 느끼는 이질감과 거리감을 하나님께서 이스라엘에게 동
일하게 느끼고 있다고 말씀합니다. 즉 정의와 공의가 무너지고 율
법에 따라 정결한 삶을 살지 않는 이스라엘은 이방 나라와 조금
도 다를 바 없는 족속이라는 선언입니다.

또 "이스라엘을 애굽 땅에서, 블레셋 사람을 갑돌에서, 아람 사
람을 기르에서 올라오게 하지 아니하였느냐"라는 말씀을 통해 하
나님께서 블레셋과 아람을 세우기도 하시지만, 망하게도 하시는
분이심을 천명하고 있으며, 하나님께서 이스라엘 백성들을 애굽에
서 출애굽시켜 가나안 땅으로 옮겨놓으셨지만, 하나님의 정의와
공의를 버린 이스라엘은 블레셋이나 아람처럼 망하게 될 것을 표
현하고 있습니다. 지금 이스라엘은 다른 이방 열국과 별반 다르
지 않으며, 하나님의 은혜와 보호 속에 있는 언약 백성이라는 선민
의식이나 우월감을 가질 자격이 없음을 단호하게 선포하는 것입니
다. 참으로 매섭고 섭섭하고 서글픈 선언이라고 할 수 있습니다.

남은 자의 하나님

그러나 하나님은 역시 하나님이십니다. 성전이 무너지고, 이방 나라와 조금도 구별되지 않는 족속이라고 선언하시고, 엄정한 심판 가운데서도 하나님의 애틋한 마음을 볼 수 있습니다.

8 보라 주 여호와의 눈이 범죄한 나라를 주목하노니 내가 그것을 지면에서 멸하리라 그러나 야곱의 집은 온전히 멸하지는 아니하리라 여호와의 말씀이니라 9 보라 내가 명령하여 이스라엘 족속을 만국 중에서 체질하기를 체로 체질함 같이 하려니와 그 한 알갱이도 땅에 떨어지지 아니하리라 10 내 백성 중에서 말하기를 화가 우리에게 미치지 아니하며 이르지 아니하리라 하는 모든 죄인은 칼에 죽으리라

암 9:8-10

심판의 내용과 심판이 진행되면서도 하나님의 긍휼과 자비의 내용이 섞여 있어서 정확히 의미를 파악하기가 쉽지 않습니다. 그러나 8절 하반부에 "그러나 야곱의 집은 온전히 멸하지는 아니하리라"라는 구절을 통해 하나님의 자비와 긍휼이 계속된다는 것을 알 수 있습니다. 하나님은 왜 야곱의 집을 온전히 멸하지는 않으실까요? 그 이유는 하나님 자신의 약속 때문입니다. 아브라함과 이삭과 야곱에게 하신 약속, 그 가문을 통하여 이 땅에 우리 주 예수 그리스도를 보내셔서 세상을 구원하시겠다는 약속을 위해 모

두 멸하지 않고 '남은 자'를 남겨두시는 것입니다. 하나님은 남은 자를 체질하여 한 알갱이도 땅에 떨어지지 않게 보호하시겠다고 하십니다. 그리스도 예수 안에서 이스라엘의 남은 자와 이방의 택한 하나님의 백성들을 모두 불러 모아서 새로운 하나님의 백성들을 만들어내시겠다는 것이 하나님의 계획입니다.

다윗의 무너진 장막을 일으키라

그 구체적인 방법과 대상이 누구인지 11-12절에 나와 있습니다.

11 그 날에 내가 다윗의 무너진 장막을 일으키고 그것들의 틈을 막으며 그 허물어진 것을 일으켜서 옛적과 같이 세우고 12 그들이 에돔의 남은 자와 내 이름으로 일컫는 만국을 기업으로 얻게 하리라 이 일을 행하시는 여호와의 말씀이니라 암 9:11-12

하나님은 그 날에 다윗의 무너진 장막을 고쳐서 다시 세우겠다고 말씀하십니다. 여기서 '다윗의 장막'을 더 정확히 표현하면 '다윗의 초막'인데, '초막'은 히브리어로 '수카'이고, 초막절을 말할 때 사용하는 단어와 동일한 단어입니다. 아모스는 지금 이스라엘이 북이스라엘과 남유다로 갈라진 과거의 역사적인 사건을 두고 초막이 무너졌다고 표현한 것입니다. 그러니까 이스라엘이 남과 북으로 갈라졌을 때 이미 하나님의 언약 백성으로서의 정체성을 잃어버렸다고 말하는 것입니다.

초막절은 이스라엘이 출애굽하여 가나안 땅에 들어가기 전에 광야생활을 기념하는 절기로, 백성들은 나뭇가지와 잎새로 초막을 지어서 7일 동안 생활하며 광야생활을 다시 경험합니다. 이들이 초막절을 지키는 것은 자신들을 애굽에서 빼내시고, 광야에서도 인도하고 보호하신 하나님의 은혜를 잊지 않기 위해서입니다. 한마디로 '초막'은 이스라엘의 위험천만한 삶의 실존과 동시에 하나님의 절대적인 보호와 인도를 경험한 기간을 상징하는 것입니다.

다윗의 생애나 다윗이 세운 통일왕국도 이런 초막절 정신 위에 세워진 나라였습니다. 진정한 출애굽 신앙은 근거 없는 우월감이나 선민의식에 사로잡히는 것이 아니라 하나님의 말씀만을 자신의 삶의 기초로 삼아 온 마음을 다해 하나님만을 의지하겠다는 정신입니다. 그러므로 다윗의 무너진 장막을 다시 세우시겠다는 것은 악하고 패역한 이스라엘의 제단과 성소를 심판하여 다 제거하고, 초막절 정신에 기초한 남은 자들을 남기셔서 오직 하나님의 자비와 은혜만을 의지하는 자기 백성을 만들어내시겠다는 하나님의 의지입니다.

이것을 아모스 선지자의 말로 쉽게 풀이하면 "북이스라엘아, 너희들이 지금 잘 먹고 잘 살고 종교의 부흥도 경험하니까 다윗의 장막을 누리고 있다고 생각하지? 전혀 아니다. 지금 너희들은 다 쓰러진 초막이다. 이미 너희는 하나님의 정의와 공의를 버렸고, 그 심판의 결과로 북왕국과 남왕국으로 갈라져 있다. 그러므로 너희는 지금 다윗의 장막을 누리는 것과 전혀 상관이 없는 족속들이다. 남유다도 마찬가지다. 내가 너희를 다 무너트릴 것이다. 그중에 남은 자를 통해 새롭게 초막을 세울 것이다." 이해가 되십니까?

무너진 장막의 회복을 경험한 자

여기서 질문이 하나 생길 것입니다. "그렇다면 이스라엘 역사에서 다윗의 무너진 장막의 회복을 경험한 자는 누구일까?" 그 답이 사도행전에 나와 있습니다.

15 선지자들의 말씀이 이와 일치하도다 기록된 바 16 이 후에 내가 돌아와서 다윗의 무너진 장막을 다시 지으며 또 그 허물어진 것을 다시 지어 일으키리니 17 이는 그 남은 사람들과 내 이름으로 일컬음을 받는 모든 이방인들로 주를 찾게 하려 함이라 하셨으니 18 즉 예로부터 이것을 알게 하시는 주의 말씀이라 함과 같으니라

행 15:15–18

다윗의 장막

사도행전 15장에는 예루살렘 공의회에서 바울과 바나바의 1차 선교여행 보고를 듣고 가장 중요한 논쟁점을 정리하는 장면이 나옵니다. 바울과 바나바를 통해 유대인이 아닌 이방인들도 예수님을 믿고 성령을 받았음을 알게 되자 그들도 하나님의 백성이 되기 위해서는 할례를 받아야 한다는 주장과 받지 않아도 된다는 주장으로 나뉘게 되었습니다.

그 문제를 해결하기 위해 사도와 장로들이 모여 토의를 하다가 예루살렘 공의회의 수장이었던 예수님의 동생 야고보와 베드로가 "이방인들도 예수 믿고 구원받고 성령을 받았기 때문에 하나님의 백성이 될 수 있다. 할례는 받지 않아도 된다"고 선언합니다. 그 때 야고보가 이방인들이 예수님을 믿고 성령을 받은 것은 아모스서 9장 11-12절 말씀이 실현된 것이라고 기록된 말씀을 인용한 것입니다. 그렇습니다. 다윗의 장막은 주님의 몸 된 교회이며, 거기에 에돔의 남은 자와 만국 백성이 유대인과 이방인이라는 혈통적 신분에 상관없이 누구나 하나님의 백성이 될 수 있음을 말하고 있는 것입니다.

다윗의 장막이 회복되면 나타나는 영광

아모스는 다윗의 장막이 회복되면 그리스도 예수 안에서 하나님의 백성들이 어떤 차별과 구분 없이 하나님의 은혜를 맛보게 되는데 그 장면을 농사 이미지로 표현하고 있습니다.

13 주님께서 하시는 말씀이다. "그 때가 되면, 농부는 곡식을 거두고서, 곧바로 땅을 갈아야 하고, 씨를 뿌리고서, 곧바로 포도를 밟아야 할 것이다. 산마다 단 포도주가 흘러 나와서 모든 언덕에 흘러 넘칠 것이다. 14 내가, 사로잡힌 내 백성 이스라엘을 데려오겠다. 그들이 허물어진 성읍들을 다시 세워, 그 안에서 살면서 포도원을 가꾸어서 그들이 짠 포도주를 마시며, 과수원을 만들어서 그들이 가꾼 과일을 먹을 것이다. 15 내가 이 백성을 그들이 살아갈 땅에 심어서, 내가 그들에게 준 이 땅에서 다시는 뿌리가 뽑히지 않게 하겠다." 주 너의 하나님이 말씀하신다. 암 9:13–15 새번역

신약에서는 이렇게 표현하고 있습니다.

43 사람마다 두려워하는데 사도들로 말미암아 기사와 표적이 많이 나타나니 44 믿는 사람이 다 함께 있어 모든 물건을 서로 통용하고 45 또 재산과 소유를 팔아 각 사람의 필요를 따라 나눠 주며 46 날마다 마음을 같이하여 성전에 모이기를 힘쓰고 집에서 떡을 떼며 기쁨과 순전한 마음으로 음식을 먹고 47 하나님을 찬미하며 또 온 백성에게 칭송을 받으니 주께서 구원 받는 사람을 날마다 더하게 하시니라 행 2:43–47

우리가 이 말씀을 읽으면 심장이 벌렁벌렁 뛰어야 합니다. 이 삶은 세상의 그 누구도 실현시킬 수 없습니다. "재산과 소유를 팔아 각 사람의 필요를 따라 다 나누어주며, 날마다 마음을 같이하여 성전에 모이기를 힘쓰고, 집에서 떡을 떼며 기쁨과 순전한 마음으로 음식을 먹고, 하나님을 찬미하며 또 온 백성에게 칭송을 받으니 주께서 구원받는 사람을 날마다 더하게 하시는 삶"은 다윗의 장막 안으로 몰려든 주의 백성들만 만들어낼 수 있는 삶이며, 그들만이 누릴 수 있는 영적 부요이기 때문입니다.

심판을 통과한 자의 정체성

예수님의 피 값으로 사신 교회가 하나님께서 다시 회복하실 다윗의 장막입니다. 그 다윗의 장막으로 몰려든 사람들에게는 한 가지 특징이 있습니다. 바로 심판을 통과한 자들이라는 것입니다. 성소에서부터 시작된 심판을 통과한 자들이 다윗의 장막 안으로 몰려들었다는 것을 여러분의 심장 안에 깊이 새기시기 바랍니다. 그런데 단순히 심판을 피했으니까 다행이라는 차원을 넘어서 이미 심판을 받아 죽었던 자라는 것을 기억해야 합니다.

심판을 받았었다는 것이 이해가 되지 않을 분들이 있을 것입니다. 그런데 생각해보면 '내 배'를 채우기 위하여 약한 자들의 삶과 인생을 짓밟은 자들이 우리였다는 것을 금방 깨닫게 됩니다. "일단은 나부터 살고 봐야 한다”, “일단 우리 가정부터 살고 봐야 한다”는 철저한 이기심을 삶의 철학으로 삼고 사는 자들이 우리 아닙니까? 하나님의 정의와 공의, 하나님의 자비와 긍휼을 우리 이웃들에게 흘려보내지 않고 우리 안에 감춰버렸던 자가 우리 아닙니까? 그것이 잘못된 삶이기에 돌이키라고 외치는 설교보다 위로와 평강, 성공과 축복을 외치며 우리의 욕망대로 살아가는 삶을 정당화시켜주는 설교자를 더 사랑하고, 그런 교회를 찾아다녔던 악질적인 죄인이 우리 아닙니까? 심지어 그런 삶을 우리 세대뿐만 아니라 다음세대에까지 전파하여 아이들의 영혼까지 오염시켰던 죄인이 우리 아닙니까? 결국 생명수가 흐르는 교회를 찾아보기 힘든 지경으로 이 나라의 모든 교회를 타락시킨 장본인이 우리 아닙니까?

심판을 통과한 자들이란, 우리가 바로 그렇게 살아왔던 자들이고, 우리의 삶 자체로만 보면 바로 우리가 하나님의 심판의 대상이 되어야만 했던 자들이라는 의미입니다. 그런 우리에게 하나님께서 자비와 긍휼을 베푸사 다윗의 장막 안으로 당신의 남은 자들로 삼아주신 것입니다. 그러므로 심판을 통과한 자들이라는 정체성을 결단코 잊어서는 안 됩니다. 우리가 누구를 돕고 섬기고 하나님의 자비와 긍휼을 이 세상 가운데 흘려보내는 그 순간에도 우리가 심판을 통과한 자들이었다는 것, 이미 우리는 십자가에서 하나님의 심판을 받아 죽은 자들이라는 정체성을 망각해서는 안 됩니다.

우리는 남을 돕고 하나님의 정의와 공의를 집행하는 그 순간에도 죄를 짓는 자들입니다. 그 어떤 의로움, 그 어떤 선량함도 우리에게는 없습니다. 그렇기 때문에 하나님의 심판을 통과하여 다윗의 장막 안으로 들어온 자는 결코 자신을 자랑할 수 없습니다. 사람을 향해서는 그 어떤 우월감도 가질 수 없는 존재라는 처절한 인식을 가진 사람들이 바로 다윗의 장막 안으로 부름 받은 사람들의 유일한 정체성입니다.

우리는 하나님께서 우리에게 베풀어주신 아무 조건 없는 사랑과 은혜, 자비와 긍휼을 다른 사람들에게 흘려보낼 수밖에 없는 존재입니다. 바로 그것이 십자가의 은혜를 경험한 자들이며, 이 땅에 펼쳐내야 할 하나님의 정의와 공의의 삶입니다.

영원히 기억되는 사람

아무리 오래 살아도 쉽게 잊히는 사람이 있지만, 짧게 살아도 오랫동안 영원히 기억되는 사람이 있습니다. 《그 청년 바보 의사》(아름다운사람들)의 안수현 의사가 그렇습니다. 그는 아주 젊은 나이에 군의관으로 복무하다가 유행성출혈열로 세상을 떠났습니다. 33살밖에 되지 않은 이 청년 의사의 장례식에 4천 명이 넘게 몰려옵니다. 한경직 목사님이 돌아가신 이후 영락교회에서 치러진 장례식 가운데 제일 많이 사람들이 모였다고 합니다. 젊은 나이에 죽은 청년이 얼마나 대단하길래 그렇게 많은 사람들이 장례식에 참석했을까요? 책을 보면 알 수 있습니다.

안수현은 인턴, 레지던트 시절 밤새 환자들의 이야기를 들어주었고, 입원했던 한 어린아이와의 약속을 지키기 위해서 서울에서 부산까지 직접 내려가서 아이에게 선물을 전달해주고, 간호사들이 실수로 깨트린 약병을 자신이 그런 것처럼 몰래 새 것으로 바꾸어놓고, 파업으로 동료 의사들이 환자 곁을 떠났을 때에도 왕따를 당하면서 밤새 환자들을 돌보았던 '바보 의사'였습니다.

여기까지는 그래도 우리 주변에서도 접할 수 있는 이야기여서 대단히 감동적인 내용은 아닌데, 진짜 감동할 수밖에 없는 이야기가 있었습니다. 아무도 모르는 할아버지 한 분이 안수현 의사 장례식장에 나타나서 대성통곡을 하며 이런 이야기를 했습니다. "저 청년은 처음으로 나를 인간으로 대해준 사람입니다." 이 할아버지는 병원 앞에서 구두닦이를 하며 생계를 이어가셨던 분입니다. 그런데 안수현 의사가 하루도 빠짐없이 할아버지를 찾아가 손을 잡아드리면서 "할아버지, 춥지 않으십니까?"라고 걱정을 해준 것입니다.

이 모습이 바로 세상 가운데 펼쳐 보일 하나님의 정의와 공의입니다. 우리는 하나님의 형상대로 지음 받은 사람을 존중해야 합니다. 하나님이 우리를 그 자리로 부르셨기 때문입니다. 물론 쉽지 않습니다. 매우 어렵습니다. 그러나 포기하지 않고 영원히 기억될 수 있는 삶의 모습을 이 세상에 보여주기를 바랍니다.

우리는 심판을 통과한 죄인이다

우리는 이미 십자가에서 죽은 자입니다. 사람을 무시하고, 깔보고, 정욕대로, 내가 만든 신을 섬겼을 뿐만 아니라 자녀들의 삶까지 오염시킨 죄인이 바로 우리입니다. 이런 우리를 긍휼히 여기사 하나님께서 다윗의 장막인 주님의 몸 된 교회로 부르셔서 자기 백성으로 삼아주셨습니다. 이 사실을 아는 사람은 하나님의 정의와 공의를 이 땅에서 실현하며 살 수 있습니다.

만약 지금 하나님의 정의와 공의를 실현하며 잘 살고 있다면 더 주의하셔야 합니다. 더 성공하고, 삶이 더 여유로워지면 그 때 하나님의 정의와 공의를 놓치는 사람들이 많습니다. 우리도 충분히 그럴 수 있습니다. 그래서 하나님께서 지금 아모스 선지자를 통하여 우리에게 엄중하게 묻고 있습니다.

하나님 앞에서 이렇게 결심하셨으면 좋겠습니다. "다른 것들이 다 어그러지고 무너지고 어설프고 부족하더라도 연약한 자들이 다시 숨을 쉬고 회복하는 역사가 끊임없이 일어나는 공동체가 되겠습니다! 어떤 조건과 자격과 신분의 차별 없이 모든 사람을 그리스도의 사랑으로 품어내는 공동체가 되겠습니다! 하나님의 자비와 긍휼을 끊임없이 세상으로 흘려보내는 공동체가 되겠습니다!"

그 결심이 우리의 삶 가운데 우리 교회 가운데 지속되는 유일한 방법은 우리가 하나님의 심판을 통과하여 다윗의 장막 안으로 들어온 자들이라는 것을 잊지 않는 것입니다. 그 사실을 영혼에 깊이 새겨 넣으셔서 하나님의 형상대로 지음 받은 사람을 사람으로 따뜻하게 품어내는 그런 주의 백성들 되기를 우리 구주 예수 그리스도의 이름으로 축복합니다.

낮은 데로 가라

초판 1쇄 발행	2024년 4월 30일		
지은이	김관성		
펴낸이	여진구		
책임편집	안수경 김도연		
편집	이영주 박소영 최현수 김아진 정아혜		
책임디자인	이하은 마영애	노지현 조은혜		
홍보 · 외서	진효지		
마케팅	김상순 강성민	마케팅지원	최영배 정나영
제작	조영석 허병용	경영지원	김혜경 김경희

303비전성경암송학교 유니게 과정
이슬비전도학교 / 303비전성경암송학교 / 303비전꿈나무장학회

펴낸곳	규장

주소 06770 서울시 서초구 매헌로 16길 20(양재2동) 규장선교센터
전화 02)578-0003　　팩스 02)578-7332
이메일 kyujang0691@gmail.com　　　　　홈페이지 www.kyujang.com
페이스북 facebook.com/kyujangbook　　　인스타그램 instagram.com/kyujang_com
카카오스토리 story.kakao.com/kyujangbook
등록일 1978.8.14. 제1-22

책값　뒤표지에 있습니다.
ISBN 979-11-6504-524-1 03230

규 | 장 | 수 | 칙

1. 기도로 기획하고 기도로 제작한다.
2. 오직 그리스도의 성품을 사모하는 독자가 원하고 필요로 하는 책만을 출판한다.
3. 한 활자 한 문장에 온 정성을 쏟는다.
4. 성실과 정확을 생명으로 삼고 일한다.
5. 긍정적이며 적극적인 신앙과 신행일치에의 안내자의 사명을 다한다.
6. 충고와 조언을 항상 감사로 경청한다.
7. 지상목표는 문서선교에 있다.

하나님을 사랑하는 자 곧 그의 뜻대로 부르심을 입은 자들에게는 모든 것이 合力하여 善을 이루느니라(롬 8:28)

Member of the
Evangelical Christian
Publishers Association

규장은 문서를 통해 복음전파와 신앙교육에 주력하는 국제적 출판사들의
협의체인 복음주의출판협회(E.C.P.A:Evangelical Christian Publishers
Association)의 출판정신에 동참하는 회원(Associate Member)입니다.